My Chinese Classroo

私の中国語教室

wǒ de hàn yǔ jiào shì
我的汉语教室

初级（一）

出品人: 许 纬 向 红

主　　编: 顾月云

副主编: 汝国兴 林 乔

编写人员: 顾月云 林 乔 李 莹 凌璧君 郁秀芝
刘佳平 尤云峰 张加慧 宋 艳

拼　　音: 陈小方 王 静

英文翻译: 宋晓琼

日文翻译: 张育荣

英文审订: David J. White

日文审订: 藤井晃子

插　　图: 顾云明 李 谷

主　　审: 朱亚军

上海译文出版社

前　言

随着中国经济的发展，“汉语热”在全球升温。为了帮助外国人，特别是来华工作人员及其家属进行汉语学习，帮助他们在短期内学握基本的汉语知识，尽快与当地人进行语言沟通，我们组织编写了这套零起点、阶梯性、多功能的汉语学习教材——《我的汉语教室》。

《我的汉语教室》（初级）共分三册，收生词和词组800多个，语法点80多条。在编写过程中，我们参照了国家汉办发布的有关短期强化对外汉语教学的教学大纲、《汉语水平等级标准与语法等级大纲》和《汉语水平词汇与汉字等级大纲》（甲、乙级）等，旨在确保本教材的权威性、准确性，通用性和实用性。在学习完初级课程后，使用者能用汉语进行日常交流，解决生活和工作中的基本会话问题。同时，还可为进一步学习汉语以及参加普通或商务汉语水平考试（HSK）打好基础。

《我的汉语教室》每册正文共有十课，每课分课文、生词、课文译文、练习、听力、汉字六部分内容。课文所涉及的均为汉语学习者所关心、关注并感兴趣的鲜活话题，从一般公务用语、公共场所的交际用语到家庭主妇生活会话，涵盖生活的方方面面。我们让初级的语言点和词汇尽可能地在各种模拟现实生活的语境中反复出现，从而让使用者在短期内快速提高汉语交际能力和表达水平。

《我的汉语教室》体例编排科学，新颖独特，讲中有练，练中有学，讲练结合。每课所附的练习，均本着句本位的教学原则而设计，让学生在反复操练中学握每课的基本句型。本教材中所包含的听力和汉字两部分内容主要是针对外籍工作人员这一特殊群体的汉语学习条件和要求而设计编写的。为了让使用者尽快提高听力水平，我们在每课都设计了难度相当、题量适度的听力练习。此外，在参考了现有相关文献的基础上，我们编写了简明扼要、循序渐进的汉字部分，目的是帮助学生打好汉字基础，从而顺利进入中级汉语学习阶段。

总之，《我的汉语教室》是一套融知识性、趣味性、广博性、权威性、实用性于一身的汉语入门教科书，语言纯正地道，不可多得。我们相信，它必将受到广大来华人员，特别是来华工作和生活且有志学好汉语的朋友的喜爱。但愿我们的努力能得到广大使用者的认同！

编　者

2004 年 11 月 1 日

目 录

Preface

As the heat of China rises due to the rapid economic growth more and more people are coming to China to work and live. The first step to adapting to life in China is to learn basic Chinese language skills. Most Chinese textbooks are intended for students studying full - time, not for the working foreigners. *My Chinese Classroom* has solved that problem by providing a study program specifically designed for working foreigners in China.

My Chinese Classroom is a series of Chinese textbooks designed for foreigners who come to China to work. The first three volumes are intended for zero level beginners. These lessons cover 800 new words, phrases and 80 grammar points. In composition we referred to the *Guidelines for Short - term Teaching Chinese as a Foreign Language*, *HSK Guidelines for Grade Level Criterion and Grammar*, and *HSK Guidelines for Chinese Words and Characters* (*first and second grade*) , all issued by the China National Office for Teaching Chinese as a Foreign Language. After finishing the beginner courses learners will be supposed to be able to do daily communication in Chinese for work and life. More importantly, they will have laid the foundation to continuing their study and preparing to take the Chinese Proficiency Test (HSK).

Each volume consists of 10 lessons and each lesson is divided into 6 parts: text, new words, translation of text, exercises, listening comprehension and Chinese characters. The contents involve almost all areas of daily life in China including common business expressions, social conversations and daily dialogues. All the basic words, sentences and grammar points will appear repeatedly in the contents. Therefore, learners can make progress in a short time. In line with the syntax - based principle, exercises after each lesson are designed to help learners master sentence patterns for each lesson through repeated practice. Different from most existing Chinese textbooks, these series of textbooks have listening comprehension and Chinese characters sections. Tests have shown that it is very difficult to study listening, speaking, reading and writing all at the same time due to the limitation of study time and demand. To help learners improve their listening proficiency we have designed listening exercises for different levels of difficulty in each lesson. We have written and composed Chinese character study sections that are brief and to the point. We hope the Chinese character sections in this series can help learners lay the foundation to reading Chinese characters for further intermediate Chinese study.

Each volume is complete with an appendix consisting of the answers to the exercises and listening comprehension sections as well as the texts of the listening comprehension dialogues and new words index.

This series can be used in Chinese classes and foreign companies; it can also be used in universities and is intended for those who study Chinese by themselves.

Compiler

Nov. 1st. 2004

CONTENTS

前書き

中国経済の発展によって世界各地で中国語ブームはますます盛んになってきています。外国人、特に中国にいる駐在員やその家族の中国語勉学に協力するため、また、かれらが短期間に基礎中国語知識を習得し、現地の人々とコミュニケーションできるように、この入門しやすい、段階性と多機能を心がけた中国語教科書『私の中国語教室』を編纂してみました。

『私の中国語教室』<初級>は三冊からなって、全部で800余りの単語と80以上の文型を導入しています。教科書の権威性、確実性、通用性と実用性を確保するため、編纂は《汉语水平等级标准与语法等级大纲》と《汉语水平词汇与汉字等级大纲》(甲、乙級)などに準拠したものであります。初級コースを終えた学習者は中国語で日常交流ができ、日常生活とビジネスにおける基本会話などコミュニケーション問題を解決するよう工夫しています。それに、中国語の進級または"汉语水平考试"(HSK)受験のために基礎をしっかりつけることも出来るようになります。

『私の中国語教室』は毎冊10課、課ごとには本文、単語、本文訳文、練習、聴解、漢字など六つの部分に分かれています。本文の取材は中国語学習者が関心を寄せる、生き生きとしている興味深い話題に着目し、ビジネス用語、社交用語から主婦の生活会話に至るまで、いろいろな生活側面を触れています。初級の単語と文型を実生活に即した言語環境で繰り返し出現させ、使用者の中国語交際能力と表現レベルを短期間にはやく上達させるようと図っています。

『私の中国語教室』は内容が合理的に配列され、練習と本文の勉強が一体に組まれているなど独自の特徴があります。毎課の練習は全部構文本位という原則の下で設計され、学習者が繰り返し練習している内に毎課の基本文型を身につけるようにさせます。本教科書に含まれている聴解と漢字の部分は、外国人という特別な対象の中国語勉学条件と要求に対応して配置してみました。毎課の聴解練習は学習者の聴解レベルを高めるために適度な難しさと量で設けられました。また、(主に西洋の)学習者が漢字の基礎をしっかりつけ、順調に中級段階に進むことができるように、ありあわせの文献を参考にした上で、順を追って一歩一歩進められる簡単明瞭な漢字部分をも編入しました。

要するに、『私の中国語教室』は知識が的確で、正しい中国語で広範囲にわたる面白い生活場面を設置してある、貴重な中国語入門教科書であります。中国にいる外国人、特に中国に駐在し生活している人々が中国語に志すならきっとこの教科書が気に入ると信じております。いままでの努力が学習者の皆さんの肯定を心より希望いたしたいと思います。

編著者

2004年11月1日

目　次

人物介绍
Characters
登場人物

罗杰
Roger

琳达
Linda

李强
Li Qiang

王慧
Wang Hui

木村一郎
Kimura Ichiro

木村典子
Kimura Noriko

木村幸治
Kimura Kouji

木村南帆
Kimura Naho

Dì-yī Kè　Nǐ hǎo!
第一课　你好！

Unit 1　Hello!

第一課　こんにちは

kèwén
课文

Nǐ hǎo!
罗杰：你 好！
Nǐ hǎo!
李强：你 好！

Xièxie!
罗杰：谢谢！
Bú kèqi!
李强：不 客气！

Duìbuqǐ!
罗杰：对不起！
Méi guānxi!
李强：没 关系！

Zàijiàn!
罗杰：再见！
Zàijiàn!
李强：再见！

Shēngcí 生词 Vocabulary 単語

1. 你好	nǐ hǎo	hello	こんにちは
你	nǐ	you	あなた
好	hǎo	good, well	よい
2. 谢谢	xièxie	thanks	ありがとう
3. 不客气	bú kèqi	You are welcome	どういたしまして
不	bù	no, not	いいえ；～ない
客气	kèqi	polite	遠慮する
4. 对不起	duìbuqǐ	sorry	すみません
5. 没关系	méi guānxi	It doesn't matter	大丈夫です
6. 再见	zàijiàn	See you again	さようなら

课文译文

Text (Translation)

Roger : Hello!
Li Qiang : Hello!

Roger : Thanks.
Li Qiang : You are welcome!

Roger　　:I am sorry!
Li Qiang :It doesn't matter.

Roger　　:See you!
Roger　　:See you!

本　文

ロジャー：こんにちは！
李　　強：こんにちは！

ロジャー：ありがとう。
李　　強：どういたしまして。

ロジャー：すみません。
李　　強：大丈夫です。

ロジャー：さようなら！
李　　強：さようなら！

汉语拼音简介

汉字是汉语的书写符号，拼音是汉字的注音符号。一个汉字对应一个音节，一个音节通常由三个部分组成：声母、韵母和声调。拼音系统中共有 21 个声母，36 个韵母，两个半元音 y、w，4 个声调以及轻声。

Brief Introduction to Pinyin

Chinese characters are the writing symbols of Chinese language. And the Pinyin is the mark of phonetic notation for Chinese characters. Each character has a specific syllable. Each syllable is composed of three parts: initial, final, and tone. In the Pinyin system there are 21 initials, 36 finals, 2 semi-vowels, 4 tones and a neutral tone.

表記の紹介

中国語には、漢字(「汉字」)システムのほかに(「拼音」)という発音表記システムがある。一つの漢字は一つの音節に対応する。一つの音節は子音、母音、声調という三つの部分からなっている。表記システムの中には21の子音、36の母音、2つの半母音と四つの声調および軽声がある。

声母、韵母表
Table of Initials & Finals
子音、母音表

声母表
Table of Initials
子音表

b	p	m	f
d	t	n	l
g	k	h	
j	q	x	
z	c	s	
zh	ch	sh	r

韵母表
Table of Finals
母音表

	i	u	ü
a	ia	ua	
o		uo	
e	ie		üe
er			
ai		uai	
ei		uei (ui)	
ao	iao		
ou	iou (iu)		
an	ian	uan	üan
en	in	uen (un)	ün
ang	iang	uang	
eng	ing	ueng	
ong	iong		

声调

Tones

声調

声调音高示意图

Illustration of Tones

声調説明図

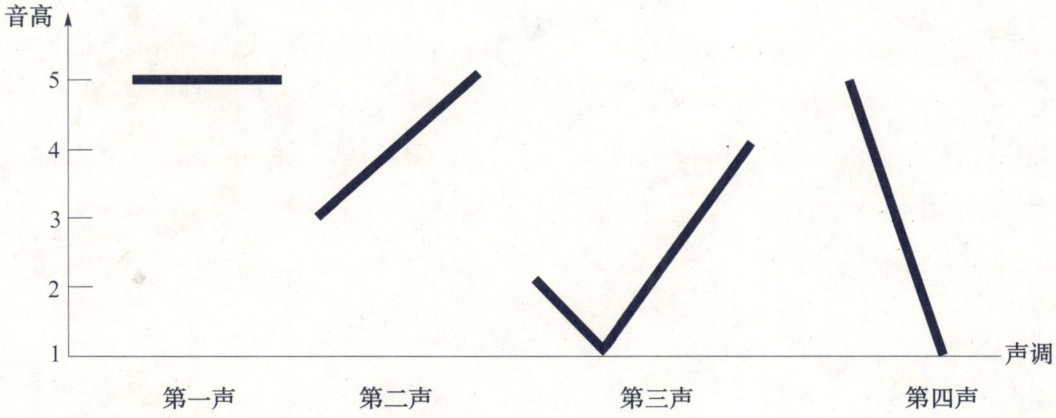

声调简介:声调是汉语的重点、难点之一,不同的声调表示不同的意思。汉语中共有四个声调及轻声,并且有变调规则。

- 第一声:符号 ¯ ,高而平,自然地拉长读音,如:tāng(汤)。
- 第二声:符号 ´ ,语音上扬,由低升高,如同提出疑问,如:táng(糖)。
- 第三声:符号 ˇ ,先降后升,语音较长,如:tǎng(躺)。
- 第四声:符号 ` ,语音下降,短促有力,如同非常愤怒,如:tàng(烫)。
- 轻　声:又轻又短的声调,没有符号,通常在词尾,如:māma(妈妈)。

Introduction to Tones: Tone is a very important and difficult aspect of learning Chinese. Many characters have the same spelling in Pinyin but have different tones, therefore have different meanings. There are four tones and one neutral tone in Chinese. There are some basic tone rules, sometimes tones can change depending on the tones of the adja-

cent words.

- The first tone: marked by ˉ, high and flat sound, naturally prolonged, e. g. tāng (soup).
- The second tone: marked by ˊ, rising tone, from low to high, like making a question, e. g. táng (sugar).
- The third tone: marked by ˇ, a comparatively long tone falling first and then going up, e. g. tǎng (to lie down).
- The fourth tone: marked by ˋ, a falling tone, short and strong, as if in fury, e. g. tàng (boiling hot).
- The neutral tone: light and short, no mark, usually at the last syllable of a word or a phrase, e. g. māma (mother).

声調の紹介:声調は中国語の中の重要な、しかも難しい点の一つである。声調によって、意味が異なっている。中国語の声調には四種のパターンと軽声がある。また、変調のルールもある。

- 第一声:記号ˉ、高い位置で平たく、自然に伸ばすように発音する。例えば:tāng(スープ)。
- 第二声:記号ˊ、低い位置から高い位置へ、質問するように発音する。例えば:táng(砂糖)。
- 第三声:記号ˇ,下がってからあがる。発音する時間はやや長い。例えば:tǎng(横になる)。
- 第四声:記号ˋ,下がる。短くて力がある。怒るように発音する。例えば:tàng(熱い)。
- 軽声:軽くて短い声調である。記号がない。よく言葉の最後にくる。例えば:māma(お母さん)。

变调规则:当两个第三声音节连在一起时,前面的第三声音节读成半升。如:

nǐ hǎo——ní hǎo (你好)

但当第三声音节和第一、第二、第四声音节连在一起时,前面的第三声音节读成半降。如:

hěn xīn——hěn xīn (很新)

hěn lán——hěn lán (很蓝)

hěn lǜ——hěn lǜ (很绿)

Rules of tone changes: A third tone, when immediately followed by another third tone, should be pronounced as a half rising tone.

e.g. nǐ hǎo——ní hǎo (hello)

But while immediately followed by a first, second or third tone, a third tone should be pronounced as a half falling tone.

hěn xīn——hěn xīn (very new)

hěn lán——hěn lán (very blue)

hěn lǜ——hěn lǜ (very green)

変調のルール:第三声の音節が二つ続いた場合には、はじめの音節が半昇に変わる。例えば:

nǐ hǎo——ní hǎo (こんにちは)

第一、二、四声の前の第三声は半降に変わる(半降は第三声の発音の前半の下がり調子の音だけを発音する)。例えば:

hěn xīn——hěn xīn (とても新しい)

hěn lán——hěn lán (とても青い)

hěn lǜ——hěn lǜ (とても緑鮮やか)

拼写规则

1. 韵母 i, in, ing 和 u 单独表示一个音节时,前面分别加上 y 和 w,成为 yi, yin, ying 和 wu。如:yī(一)和 wǔ(五)。
2. 以 i 和 u 开头的复韵母单独表示一个音节时,分别要将 i 和 u 改写成 y 和 w。如:iě→yě(也)和 uǒ→wǒ(我)。
3. 当声母 j, q, x 和韵母 ü 或是以 ü 开头的复韵母出现在同一个音节中时,ü 上的两点要省略。
4. 当 y 和 ü 出现在同一个音节中时,ü 上的两点也要省略。韵母 ü 或是以 ü 开头的韵母单独表示一个音节时,ü 改写为 yu。
5. 韵母 iou, uei, uen 在拼写时,当中的字母要省略,即写成 iu, ui, un。
6. 在声母 i 上标声调时,要将上面的点去掉,直接标声调。此外,在复韵母的情况下,声调通常都标在最主要的韵母字母上。依次顺序为 ɑ o e i u ü, 如果有 ɑ 就标在 ɑ 上,没有就找 o, 以此类推。
7. 韵母 er 可以用在某些汉字音节的后面,形成一种特有的语音现象。在书写时,直接在这些音节后加 r。如:huā(花)——huār(花儿)。
8. 当以 ɑ, o, e 开始的音节和其他音节连用时,为了把音节各自区别开,需用隔音符(')隔开。如:piào(票)——pí'ǎo(皮袄)。

9. 声母 z, c, s, zh, ch, sh, r 和韵母 i 组成音节时,i 只代表前面声母的舌尖前元音或者舌尖后元音,在形式上组成完整的音节,本身不再发 i 的音。

Rules of Pinyin spelling

1. When the finals i, in, ing and u form syllables by themselves, y and w should be placed before them respectively to make it yi, yin, ying and wu. For example, yī (one) and wǔ(five).
2. When the finals that begin with i or u form syllables by themselves, i or u should be written as y or w. For example, yě(also) and wǒ(I, me).
3. When ü or finals that begin with ü meets the initial j, q, or x, the two dots above ü(the umlaut) should be omitted.
4. When ü meets y, the two dots above(the umlaut) should be omitted. When ü or finals that begin with ü forms a syllable itself, the ü should be written as yu.
5. Compound finals iou, uei and uen are written as iu, ui and un respectively.
6. The tone symbols should be marked above the finals. When the final is a compound one, the tone symbol is usually marked above the main vowel, according to the order ɑ o e i u ü, for instance, if there is an ɑ, then just above ɑ, if not, then see if there is an o, and so on. When the tone symbol is marked above i, the dot above i should be taken off.
7. Final er can be placed after some syllables to make it a special kind of pronunciation. In written, r directly follows other syllables. For example, huā(flower) — huār(flower).
8. The syllable-dividing mark(') is used to separate two syllables when the second syllable begins with ɑ, o or e. For example, piào(ticket) — pí'ǎo(leather jacket).
9. The i in zi, ci, si, zhi, chi, shi, ri, is not pronounced as i. The i just stands for the initial blade-alveolar or blade-palatal vowel sound that follows the consonants z, c, s, zh, ch, sh, r, and makes the syllable complete in form.

表記を書く場合のルール

1. 母音「i」,「in」,「ing」と「u」単独で成り立っている音節を書く時には、前に、yとwを加え、「yi」,「yin」,「 ying」,「wu」となる。例えば:yī(一)とwǔ(五)。
2. 子音がなく、母音「i」と「u」で始まる一つの音節を表す場合、iをy、uをwに変えて書かなければならない。例えば:yě(も)とwǒ(私)。

3. 子音 j, q, xがüあるいはüで始まる母音と結びつく時に, üの上の¨は省略される。
4. yとüが一つの音節になる場合 üの上の¨も省略される。母音 üあるいはüで始まる母音が単独で一つ音節を表す時、üはyuに変えて書く。
5. 母音 iou, uei, uenは書く時には真ん中の母音を省略し、iu, ui, unとなる。
6. 子音 iの上に声調をつけるとき、うえの˙を略し、直接に声調をつける。ほかには、複母音の場合は一番重要な母音につける。順序はa o e i u ü。aがあれば、aの上につける。aがなければ、oにつける。これによって類推する。
7. 母音 erはある音節のあとに続いていると、一種特有な発音になる。書くときは、この音節後にrを加える。例えば: huā(花)——huār(花儿)
8. a, o, eで始まる音節がほかの音節の後ろに続いている時、音節の区切りをはっきり示すために音分離記号「’」を用いる。例えば: piào（切符）——pí’ǎo(皮の服)。
9. 子音 z, c, s, zh, ch, sh, rは母音 iと音節になる場合、iは本来の発音ではなく、ただ子音の舌歯音、あるいはそり舌音を代表し、形式的に一つの音節を作る。

读音与拼写对照表

Pronunciation & Spelling Comparison

発音とつづりの対照表

实际读音 Pronunciation 実際の発音	拼写方法 Spelling つづり方
i　in　ing	yi　yin　ying
u	wu
ü　üe　üan　ün	yu　yue　yuan　yun
ia　iao　ian　iang　ie　iou　iong	ya　yao　yan　yang　ye　you　yong
ua　uai　uan　uang　uo　uei　uen　ueng	wa　wai　wan　wang　wo　wei　wen　weng
jü　jüe　jüan　jün	ju　jue　juan　jun
qü　qüe　qüan　qün	qu　que　quan　qun
xü　xüe　xüan　xün	xu　xue　xuan　xun
iou　uei　uen	iu　ui　un
z　c　s	zi　ci　si
zh　ch　sh　r	zhi　chi　shi　ri

Liànxí
练习

1. 朗读下列音节，注意声母和韵母的发音。

Read the following syllables.

次の音節を読んで、子音と母音の発音に注意しなさい。

1）注意下列声母的发音。

Pay attention to the pronunciation of the initials.

次の子音の発音に注意しなさい。

bō – pō	dù – tù	gǔ – kǔ	qì – jì
mó – fó	nǐ – lǐ	kè – hè	xī – sī
xù – jù	sī – shī	rèn – zhèn	yě – xiě
zì – cì	shā – chā	rì – chì	wù – hù

2）注意下列韵母的发音。

Pay attention to the pronunciation of the finals.

次の母音の発音に注意しなさい。

yīn – yīng	lǜ – qù	jiàn – jiàng	bù – bèi
shén – shéng	xiè – xìn	méi – miè	luó – lóu
děng – dǒng	hǎo – hǎi	guān – guāng	jié – jué
wú – yú	zài – zàn	xìn – xìng	qiáng – qián

2. 朗读下列词语，并注意它们的发音。

Read the following words.

次の単語を読んで、発音に注意しなさい。

1）注意下列声母的发音。

Pay attention to the pronunciation of the initials.

次の子音の発音に注意しなさい。

b	bùtóng	hǎibá
p	pǔtōng	hàipà
d	dùzi	búduì
t	tùzi	bútuì
g	gēqǔ	dàgài
k	kèqi	dǎkāi
j	jígé	fàngjià
q	qīzi	fàqiǎ
x	xīfāng	lóngxiā
z	zìjǐ	xǐzǎo
c	cìjī	tǐcāo
s	sìjì	dǎsǎo
zh	zhìlǐ	làzhú
ch	chīlì	jīchǔ
sh	shílì	túshū
r	rìlì	bǐrú

2）注意下列韵母的发音。

Pay attention to the pronunciation of the finals.

次の母音の発音に注意しなさい。

a	bālí	huídá
ai	bǎilǐ	yīdài
ao	bàolì	bàodào
an	tànqì	shātān
ang	tángshī	shātáng

e	hébāo	kuàilè
ei	hēibāo	dǎléi
i	yīfu	bànlǐ
ü	yúfū	bànlǚ
ia	yālì	dàjiā
iao	yàolì	dàjiào
u	húchě	dōnggū
ua	huāchē	dōngguā
uo	huǒchē	dōngguō

3）注意下列词语的声调。

Pay attention to the tones.

次の単語の声調に注意しなさい。

ˉ	ˊ	ˇ	ˋ
bā	bá	bǎ	bà
Bāxī	báhé	bǎbǐng	bàzhàn
jī	jí	jǐ	jì
jīyīn	jíshí	jǐyǔ	jìxù

4）注意下列词语中的轻声。

Pay attention to the neutral tones.

次の単語の軽声に注意しなさい。

māma	bàba	jiějie	xièxie
wǒde	tāde	nǐde	wǒmen
tóufa	péngyou	yīfu	máfan

5）注意第三声的变调。

Pay attention to the 3rd tone changes.

第三声の変調に注意しなさい。

kěyǐ	lǎohǔ	Fǎyǔ	nǐ hǎo
fǔdǎo	shuǐguǒ	wǔdǎo	guǎngchǎng
Běijīng	Měiguó	wǔfàn	wǒmen

6）注意下列词语中“r”的发音。

Pay attention to the retroflex finals.

次の「r」の発音に注意しなさい。

zhèr　　nàr　　nǎr　　yǒudiǎnr

3. 完成对话。

Complete the following dialogues.

会話を完成しなさい。

Líndá, nǐ hǎo!
李强：琳达，你 好！

琳达：______，__________！

琳达：__________！

Méi guānxi!
李强：没 关系！

琳达：__________！

Bú kèqi.
李强：不 客气。

Zàijiàn!
琳达、罗杰：再 见！

李强：__________！

4. 课堂活动。

Practice in class.

クラスゲーム。

教具准备：声母、韵母以及四声卡片。

1）声母韵母练习：老师手持卡片，请学生读出卡片上的声母或韵母。

2）声母韵母拼读：老师一手持声母，一手持韵母。请学生读出以下音节：

ni　hao　xie　bu　ke　qi　dui　mei　guan　xi　zai　jian

3）声调的辨认：

学生手持四声的卡片，老师读出拼音；学生辨认四声，举起相应的卡片。

第一组：chū zū　guān　kè　wén

第二组：Luójié　Lǐ Qiáng　hú

第三组：nǐ hǎo　zhōng　cān　wǔ

第四组：duì　chē　zài　jiàn　lěng

Tīnglì
听力

1. 填上正确的韵母。

Listen for the finals and complete for the following syllables.

正しい母音を入れなさい。

1) b____ g____ x____ j____

2) d____ k____ z____ r____

2. 选择正确的声调。

Listen and choose the correct tone.

正しい声調を選びなさい。

1) A ˉ B ˊ 2) A ˉ B ˋ

3) A ˋ B ˇ 4) A ˋ B ˉ

5) A ˉ B ˊ

3. 选择正确的音节。

Listen and choose the correct syllable.

聞こえた音節を選びなさい。

1) A. juān B. zhuàn 2) A. xiǎo B. shào

3) A. gān B. kàn 4) A. jùn B. xún

5) A. yǒu B. yào

4. 选择正确的韵母。

Listen and choose the correct final.

正しい母音を選びなさい。

(1) b____ A. a B. ai C. ao

(2) n____ A. an B. ang C. eng

(3) l____ A. i B. ü C. u

秀秀老师教汉字

汉字简介
Brief Introduction of Chinese Characters

众所周知，汉字是方块字，汉字的笔画是现代汉字构成的最小结构单位。学写汉字，就要掌握汉字的笔画。汉字的基本笔画，有如下几种：

It is known to all, Chinese characters are in the shape of squares. And strokes are the smallest units of modern Chinese characters. So before one learns to write characters, one has to be familiar with these strokes. The basic strokes are as follows:

笔画 stroke	名称 name	书写要领 way of writing
一	héng 横	平 horizontally flat
丨	shù 竖	直 vertically straight
丿	piě 撇	平滑，稍软 softly smooth
㇏	nà 捺	平滑，稍软 softly smooth
㇀	tí 提	从左下向斜上方 dot from bottom-left to top-right
丶	diǎn 点	短小 short and little dot

写汉字
Write Characters

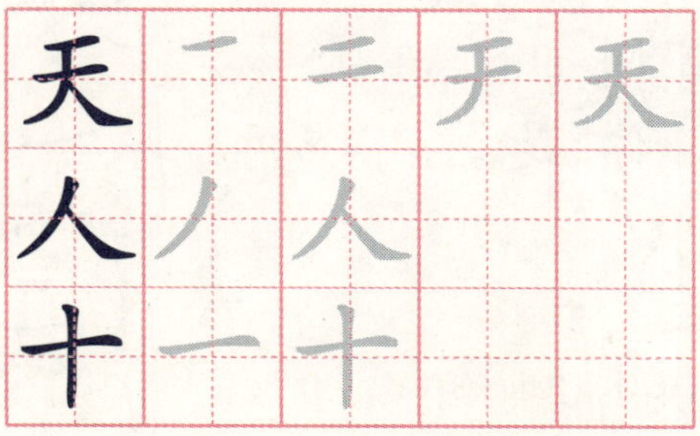

Dì-èr Kè　Nǐ shì Yīngguórén ma?
第二课　你是英国人吗?

Introduction (3)

Unit 2　Are you British?

第二課　あなたはイギリス人ですか

Wǒ jiào ……
我 叫……

Wǒ shì …… rén.
我 是……人。

…… ma?
……吗?

…… yě ……
……也……

kèwén
课文

(一)

Nǐ hǎo!
罗杰：你 好!

Nǐ hǎo! Wǒ jiào Lǐ Qiáng.
李强：你 好! 我 叫 李 强。

Wǒ jiào Luójié. Nǐ shì Zhōngguórén ma?
罗杰：我 叫 罗杰。你 是 中 国人 吗?

Duì, wǒ shì Zhōngguórén. Nǐ
李强：对，我 是 中国 人。你

shì Yīngguórén ma?
是 英 国 人 吗？
Bù, wǒ shì Měiguórén.
罗杰：不，我 是 美 国 人。
Nǐ shì lǎobǎn ma?
李强：你 是 老 板 吗？
Bù, wǒ bú shì lǎobǎn, wǒ shì diànnǎo gōngchéngshī.
罗杰：不，我 不 是 老 板，我 是 电 脑 工 程 师。
Wǒ yě shì diànnǎo gōngchéngshī.
李强：我 也 是 电 脑 工 程 师。
Rènshi nǐ wǒ hěn gāoxìng.
罗杰：认 识 你 我 很 高 兴。
Rènshi nǐ wǒ yě hěn gāoxìng. Zàijiàn!
李强：认 识 你 我 也 很 高 兴。再 见！
Zàijiàn!
罗杰：再 见！

（二）

Nǐ hǎo! Wǒ shì Mùcūn.
木村：你 好！我 是 木 村。
Nín hǎo! Mùcūn xiānsheng. Wǒ jiào Wáng Huì. Wǒ shì nǐ de
王慧：您 好！木 村 先 生。我 叫 王 慧。我 是 你 的
mìshū.
秘 书。

Nǐ shì Shànghǎirén ma?
木村：你是上海人吗？
Shìde, wǒ shì Shànghǎirén.
王慧：是的，我是上海人。
Hěn gāoxìng rènshi nǐ.
木村：很高兴认识你。
Rènshi nǐ wǒ yě hěn gāoxìng.
王慧：认识你我也很高兴。

Shēngcí 生词 Vocabulary 単語

1. 我	wǒ	I, me	私
2. 叫	jiào	to be called	～は～と言います
3. 是	shì	to be	～は～です
4. 人	rén	person	人，～人
5. 对	duì	yes, correct	そうです
6. 吗	ma	an interrogative particle	～ですか
7. 老板	lǎobǎn	boss	社長；店の主人
8. 电脑	diànnǎo	computer	コンピューター
9. 工程师	gōngchéngshī	engineer	エンジニア
10. 也	yě	too, as well, also	も
11. 认识	rènshi	to know	知る；知り合いになる
12. 很	hěn	very	とても
13. 高兴	gāoxìng	glad	うれしい
14. 您	nín	you (respectful form)	「你」の敬称
15. 你的	nǐ de	your	あなたの
的	de	a structural particle	の
16. 秘书	mìshū	secretary	秘書
17. 是的	shìde	yes	はい
18. 先生	xiānshēng	Mr.	さん（男性）

Zhuānyǒu Míngcí 专有 名词 Proper Nouns 専有名詞

1. 罗杰	Luójié	Roger	ロジャー
2. 李强	Lǐ Qiáng	Li Qiang	李強
3. 中国 法国(巴黎)	Zhōngguó	China	中国
4. 英国 日本(东京)	Yīngguó	U. K.	イギリス
5. 美国	Měiguó	U. S. A.	アメリカ
6. 上海 (北京)	Shànghǎi	Shanghai	上海
7. 木村	Mùcūn	Kimura	木村
8. 王慧	Wáng Huì	Wang Hui	王慧

wǒ 我 I, me 私	wǒ de 我 的 my, mine 私の	wǒmen 我 们 we, us 私たち	wǒmen de 我 们 的 our, ours 私たちの
nǐ nín 你/您 you あなた	nǐ de nínde 你的/您的 your, yours あなたの	nǐmen 你们 you あなたたち	nǐmen de 你们 的 your, yours あなたたちの
tā 他 he, him 彼	tā de 他 的 his 彼の	tāmen 他们 they, them 彼ら	tāmen de 他们 的 their, theirs 彼らの
tā 她 she, her 彼女	tā de 她 的 her, hers 彼女の	tāmen 她们 they, them 彼女たち	tāmen de 她们 的 their, theirs 彼女たちの
tā 它 it 人間以外の事物を表す代名詞	tā de 它 的 its 人間以外の事物を表す代名詞の所属	tāmen 它们 they, them 人間以外の事物の複数を表す代名詞	tāmen de 它们 的 their, theirs 人間以外の事物の複数を表す代名詞の所属

人　　人的　　人们　　人们的

木村的/罗杰的……

课文译文

Text (Translation)

One

Roger : Hello!

Li Qiang: Hello, I am Li Qiang.

Roger : I am Roger. Are you Chinese?

Li Qiang: Yes, I am Chinese. Are you British?

Roger : No, I am American.

Li Qiang: Are you the boss?

Roger : No, I am not the boss. I am an IT engineer.

Li Qiang: I am an IT engineer as well.

Roger : I am very glad to meet you.

Li Qiang: I am very glad to meet you as well. See you!

Roger : See you!

Two

Kimura : Hello, I am Kimura.

Wang Hui: Hello, Mr. Kimura. I am Wang Hui. I am your secretary.

Kimura : Are you Shanghainese?

Wang Hui: Yes, I am from Shanghai.

Kimura : Nice to meet you.

Wang Hui: I am very glad to meet you too.

本　文

(一)

ロジャー：こんにちは。

李　強：こんにちは。私は李強と言います。

ロジャー：私はロジャーと言います。あなたは中国人ですか。

李　強：はい、私は中国人です。あなたはイギリス人ですか。

ロジャー：いいえ、私はアメリカ人です。

李　強：あなたはマネージャーですか。

ロジャー：いいえ、私はマネージャーではありません。コンピューターのエンジニアです。

李　　強：私もコンピューターのエンジニアです。

ロジャー：お会いできてとてもうれしいです。

李　　強：私もうれしいです。さようなら。

ロジャー：さようなら。

（二）

木村：こんにちは。木村です。

王慧：木村さん、こんにちは。私は王慧です。あなたの秘書です。

木村：上海の方ですか？

王慧：はい、私は上海人です。

木村：お会いできてうれしいです。

王慧：お会いできて私もうれしいです。

Liànxí
练习

1. 拼写练习。

Give the proper spelling.

つづりの練習。

例：				
	i	yī（ˉ）	ü	yǔ（ˇ）
	ia	yǎ（ˇ）	j, q, x + ü	jú, qú, xú（ˊ）
	u	wù（ˋ）	d + iou, uei, uen	diū, dūi, dūn（ˉ）
	ua	wā（ˉ）		
	发　音	拼　写	发　音	拼　写
	in	____（ˊ）	q + üan	____（ˉ）
	iou	____（ˋ）	x + ün	____（ˋ）
	uai	____（ˉ）	n + iou	____（ˇ）
	uo	____（ˇ）	q + iou	____（ˉ）
	uen	____（ˊ）	d + uei	____（ˋ）
	üan	____（ˊ）	ch + uen	____（ˊ）
	j + üe	____（ˊ）	k + uen	____（ˇ）

2. 根据括号中所给词语进行替换练习，并把句子翻译成英语或日语。

Substitute the new words with the underlined words, then translate the sentences to English.

下線部をカッコ内の単語に置き換えて、文の意味を言いなさい。

A 组

mìshū , gōngchéngshī
（秘书， 工程师）

Nǐ shì lǎobǎn.
你 是 老 板。

Wǒ shì lǎobǎn.
我 是 老 板。

Tā yě shì lǎobǎn.
她 也 是 老 板。

Tā bú shì lǎobǎn.
他 不 是 老 板。

B 组

Yīngguó, Měiguó, Shànghǎi
（英 国， 美 国， 上海）

Nǐmen shì Zhōngguórén ma?
A：你 们 是 中 国 人 吗？

Bú shì, wǒmen shì Měiguórén .
B：不 是，我 们 是 美 国人 。

3. 选词填空。

Complete the conversation with the words given.

適切な単語を選んで文を完成しなさい。

mìshū 秘书　xuésheng 学生 (student)　Luójié 罗杰

tóngshì 同事 (colleague)　lǎobǎn 老板　diànnǎo gōngchéngshī 电脑工程师

Tā shì nǐ de lǎobǎn.
1）他 是 你 的 老 板。

Nǐ shì tā de ________.
你 是 他 的 ________。

Tā shì wǒ de lǎoshī.
2）她是我的老师（teacher）。

Wǒ shì tā de ________.
我是她的________。

Tā jiào ________, Luójié shì ________.
3）他叫________，罗杰是________。

Lǐ Qiáng yě shì ________, tā shì Luójié de ________.
4）李强也是________，他是罗杰的________。

Mùcūn shì ________, tā de ________ shì Wáng Huì.
木村是________，他的________是王慧。

4. 连线。

Match the following.

線で結びなさい。

Zhōngguó 中国	Měiguó 美国	Yīngguó 英国	Shànghǎi 上海

5. 用"不"和"也"完成句子，并说出句子意思。

Complete sentences with 'bù' and 'yě', then tell the meaning.

「不」と「也」を使って、文を完成し、意味を言いなさい。

wǒ, tā, shì, lǎobǎn
例：我，他，是，老板

Wǒ shì lǎobǎn, tā yě shì lǎobǎn.
我是老板，他也是老板。 shì… yě shì

Wǒ bú shì lǎobǎn, tā yě bú shì lǎobǎn.
我不是老板，他也不是老板。 bú shì … yě bú shì

nǐ, tā, jiào, Lǐ Qiáng
1) 你，他，叫，李 强

____

____

wǒmen, tāmen, shì, mìshū
2) 我们，她们，是，秘书

____

____

wǒ, nǐ, gāoxìng
3) 我，你，高兴

____

____

Lǐ Qiáng, Luójié, shì, gōngchéngshī
4) 李强，罗杰，是，工程师

____

____

wǒ, tā, shì, Měiguórén
5) 我，他，是，美国人

____

____

6. 完成对话。

Complete the dialogue.

会話を完成しなさい。

Nǐ hǎo!
A：你好！

______________.
B：______________。

Nǐ shì ______________ ma?
A：你是______________吗？

Bù, wǒ shì Měiguórén.
B：不，我是美国人。

Hěn gāoxìng rènshi nǐ.
A：很高兴认识你。

______________.
B：______________。

Tā＿＿＿＿＿＿＿＿？
A：她＿＿＿＿＿＿＿＿？

Shìde，tā shì wǒ de mìshū.
B：是的，她是我的秘书。

Tā shì Zhōngguórén ma？
A：她是中国人吗？

Shìde，＿＿＿＿＿＿＿＿.
B：是的，＿＿＿＿＿＿＿＿。

Nǐ shì gōngchéngshī ma？
A：你是工程师吗？

Bú shì，wǒ shì＿＿＿＿＿＿＿＿.
B：不是，我是＿＿＿＿＿＿＿＿。

Nǐ hǎo，lǎobǎn. Wǒ＿＿Wáng Huì，wǒ shì＿＿mìshū.
A：你好，老板。我＿＿王慧，我是＿＿秘书。

＿＿＿＿＿＿＿＿.
B：＿＿＿＿＿＿＿＿。

Wǒ yě hěn gāoxìng rènshi nǐ.
A：我也很高兴认识你。

7. 课堂活动。

Practice in class.

クラスゲーム。

（1）请同学模仿以下句型分别作自我介绍：

Wǒ jiào Lǐ Qiáng，wǒ shì Zhōngguórén. Wǒ shì diànnǎo gōngchéngshī.
我叫李强，我是中国人。我是电脑工程师。

（2）请同学用以下句型互相问对方的职业和国籍并回答：

A：Nǐ shì＿＿＿＿ma？
你是＿＿＿＿吗？

B：Bù，wǒ shì＿＿＿＿（Shìde，wǒ shì＿＿＿＿）.
不，我是＿＿＿＿（或者：是的，我是＿＿＿＿）。

（3）小游戏：

使用本课的生词设计两组卡片，一组是国家名，一组是职业。每人抽取一个国家名和一个职业。将同学分成两人一组，互相问问题。对方只能回答是或不是，最后问出对方的国籍和职业。

Tīnglì
听力

1. 选出你听到的声母。

Listen and choose the correct initial.

聞こえた子音を選びなさい。

1) ǎo A. l B. n 2) uì A. d B. t

3) ǐ A. n B. m 4) ǎn A. t B. b

2. 选出你听到的音节。

Listen and choose the correct syllable.

次の音節を聞いて、正しい答えを選びなさい。

1) A. rén B. rán 2) A. nín B. nǐ

3) A. diàn B. jiào 4) A. shī B. shì

3. 听对话，填音节。

Listen to the dialogue and complete with Pinyin.

会話を聞いて音節を入れなさい。

A. Nǐ ____!

B. Nǐ hǎo! Wǒ ________ nǐ, Nǐ ________ Wáng Huì de ________.

A. ________, wǒ ________ tā de mèimei. ________ shì——

B. Wǒ ________ Mǎlì. ________ nǐ hěn ________.

A. Rènshi nǐ wǒ ________ hěn gāoxìng。

秀秀老师教汉字

偏旁

Components

有一些汉字是由两部分组成的，一部分和读音有关，我们称之为声旁；另一部分和意思有关，我们称之为形旁。在汉语里这样的字称为形声字，而声旁和形旁我们一般统称为偏旁。学习偏旁的意义在于帮助分析汉字的结构，有利于更好地理解汉字结构，从而更好地增强记忆。

Some Chinese characters are composed of two parts. One part, indicating the pronunciation of the character, is called phonetic radical. And the other part, indicating the meaning of the character, is called meaning radical. This kind of characters is called picto-phonograms. Meaning radicals and phonetic radicals are jointly called components. To learn components can help one to analyze, to understand and to memorize the structure of characters.

写汉字

Write Characters

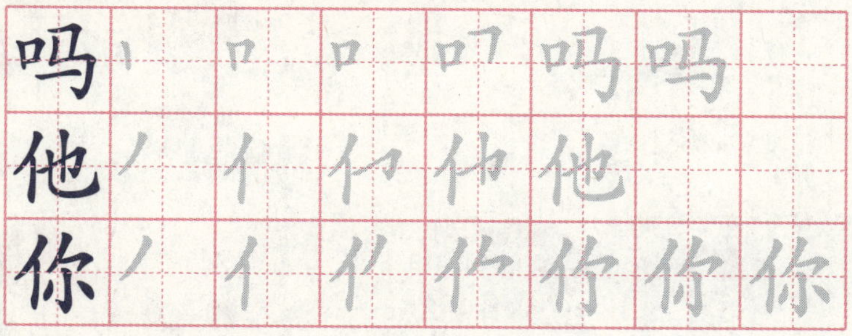

小练习

Exercises

找出下列每对词相同的偏旁。

Tell the same components of each pair of characters.

他—她　　吗—妈

海—江　　认—识

1. 你好！我叫罗杰。
2. 你是李强吗？ 对不起，我不是。
3. 你认识她们的老板吗？（Answer）
4. 我很高兴，她也很高兴
5 你是英国人吗？

Dì-sān Kè Nǐmen yǒu kāfēi ma?
第三课 你们 有咖啡吗?

Greetings & taking leave (2)

Unit 3 Do you have coffee?

第三課 コーヒーはありますか

…… shénme ……
…… 什 么 ……

…… yǒu/méiyǒu ……
…… 有/没 有 ……

…… duōshao qián ……
…… 多 少 钱 ……

Wǒ yào ……
我 要 ……

kèwén
课文

(一)

Nín hǎo， nǐ yào shénme？
服务员：您　好，你 要　什 么？

Nǐ hǎo，nǐmen yǒu kāfēi ma？
木　村：你　好，你们　有　咖啡　吗？

Yǒu.
服务员：有。

Nǐmen yě yǒu píjiǔ ma？
木　村：你们　也　有　啤酒　吗？

Duìbuqǐ，méiyǒu. Nín yào chéngzhī ma？
服务员：对不起，没　有。您　要　橙　汁　吗？

Wǒ bú yào chéngzhī，wǒ yào xīguāzhī.
木　村：我　不　要　橙　汁，我　要　西瓜汁。

Wǒmen yě yǒu xīguāzhī.
服务员：我们　也　有　西瓜汁。

Wǒ yào yì bēi kāfēi hé yì bēi xīguāzhī，yígòng duōshao qián？
木　村：我　要　一　杯　咖啡　和　一　杯　西瓜汁，一共　多　少　钱？

Yígòng wǔshíbā kuài./Yuán
服务员：一共　58　块。

Xièxie.
木　村：谢谢。

service people
Bú kèqi. Zàijiàn.
服务员：不　客气。再见。
Waiter

(二)

stall, vendor's stand
Nín yào mǎi shénme？
摊主：您　要　买　什　么？

Zhè jiào shénme？
琳达：这　叫　什　么？

Zhè jiào "qīngcài".
摊主：这　叫　"青　菜"。

Nǐ de qīngcài hǎo ma?
琳达：你 的 青 菜 好 吗？
Hěn hǎo.
摊主：很 好。
Nà jiào shénme?
琳达：那 叫 什 么？
Nà jiào "xīhóngshì".
摊主：那 叫 "西红柿"。
Wǒ yào yì jīn qīngcài hé yì jīn xīhóngshì. Yígòng duōshao qián?
琳达：我 要 一 斤 青 菜 和 一 斤 西红柿。一共 多 少 钱？
Yígòng sān kuài.
摊主：一共 三 块。
Hǎo. Xièxie!
琳达：好。谢谢！
Bú kèqi!
摊主：不 客气！

Shēngcí 生词 Vocabulary 単語

1. 要	yào	to want	要る
2. 什么	shénme	what	何
3. 没有	méiyǒu	to not have	ない
没	méi	to not have	～ない
有	yǒu	to have	ある
4. 咖啡	kāfēi	coffee	コーヒー
5. 啤酒	píjiǔ	beer	ビール
6. 橙汁	chéngzhī	orange juice	オレンジジュース
汁	zhī	juice	ジュース
7. 西瓜汁	xīguāzhī	watermelon juice	西瓜のジュース
西瓜	xīguā	watermelon	西瓜
8. 好的	hǎode	okay; all right	いい

9. 杯	bēi	cup; glass (measure word)	杯
10. 和	hé	and	～と～
11. 一共	yígòng	altogether; totally	全部で
12. 多少钱	duōshao qián	how much (money)	いくらですか
多少	duōshao	how much; how many	いくら；どのくらい
多	duō	many; much	多い
少	shǎo	few; little	少ない
钱	qián	money	お金
13. 买	mǎi	to buy	買う
14. 这	zhè/zhèi	this	これ；この
15. 青菜	qīngcài	Chinese cabbage	青菜
菜	cài	vegetable	野菜
16. 那	nà/nèi	that	それ；その；あれ；あの
17. 斤	jīn	1 Jin = 0.5 kilogram	斤
18. 西红柿	xīhóngshì	tomato	トマト

课文译文

Text (Translation)

One

Waitress: Hello, what do you want?

Kimura: Hello, do you have coffee?

Waitress: Yes, we do.

Kimura: Do you also have beer?

Waitress: I'm sorry. We don't have beer. Do you want some orange juice?

Kimura: I don't want orange juice. I want some watermelon juice.

Waitress: We also have watermelon juice.

Kimura: I want to have a cup of coffee and a glass of watermelon juice. How much altogether?

Waitress: 58 yuan.

Kimura　: Thanks.

Waitress : You are welcome. Good – bye.

Two

Seller:　What do you want to buy?

Linda:　What is this called?

Seller:　It's called 'Qingcai'.

Linda:　Are your Chinese cabbages good?

Seller:　Yes, they are good.

Linda:　What is that called?

Seller:　That's called 'Xihongshi'.

Linda:　I want a jin of Chinese cabbages and a jin of tomatoes. How much altogether?

Seller:　3 yuan.

Linda:　Okay. Thanks!

Seller:　You are welcome!

本　文

(一)

店員：こんにちは。何になさいますか。

木村：こんにちは。コーヒーがありますか。

店員：はい、ございます。

木村：ビールもありますか。

店員：申し訳ございません。ビールがございません。オレンジジュースはいかがですか。

木村：オレンジジュースは結構です。西瓜のジュースがいいのですが。

店員：西瓜のジュースもございます。

木村：コーヒー一杯と西瓜のジュース一杯をください。全部でおいくらですか。

店員：全部で58元です。

木村：ありがとう。

店員：どういたしまして。さようなら。

(二)

店の人：何になさいますか。

リンダ：これは何といいますか。

店の人：これは「青菜」と言います。

リンタ：ここの青菜はおいしいですか。

店の人：とても美味しいですよ。
リンタ：あれはなんと言いますか。
店の人：あれは「西红柿」と言います。
リンタ：青菜一斤と西红柿一斤をください。全部でおいくらですか。
店の人：全部で三元です。
リンタ：OK。ありがとう。
店の人：どういたしまして。

Shùzì biǎo
数字 表
Numbers
数字表

yī 1	* liǎng èr 2	sān 3	sì 4	wǔ 5
liù 6	qī 7	bā 8	jiǔ 9	shí 10
líng 0	bǎi 100	qiān 1000	wàn 10000	

Liànxí
练习

1. 朗读下列词语。

Read the following words.

次の単語を読みなさい。

1）注意"一"的变调。

Pay attention to the tone changes of 'Yī'.

「一」の変調に注意しなさい。

单念、在词句末尾或人名中念第一声：

'Yī' by itself, at the end of a phrase or a sentence, or in a name, is read in the first tone.

「一」だけの場合、また言葉やセンテンスの後ろにつく時、人の名前の中では第一声で発音する。

yī　　shíyī　　dì-yī　　Mùcūn Yīláng

在第四声前念第二声：

'Yī', when followed by a syllable in fourth tone, is read in the second tone.

第四声の前では第二声で発音する。

yígè yíkè yíbàn yíhuìr

在第一、第二、第三声前念第四声：

'Yī', when followed by a syllable in the first, second or third tone, is read in the fourth tone.

第一声、第二声、第三声の前では第四声として発音する。

yìtiān yìqiān yìnián yìzhí yìbǎi yìqǐ

2）注意"不"的变调。

Pay attention to the tone changes of "bù".

「不」の変調に注意しなさい。

单念、在第一、第二和第三声前念第四声：

'Bù', by itself, or followed by a syllable in the first, second or third tone, is read in the fourth tone.

「不」だけの場合や、第一声、第二声、第三声の前では第四声として発音する。

bù bù'ān bù xíng bù hǎo

在第四声前念第二声：

'Bù', when by a syllable in the fourth tone, is read in the second tone.

第四声の前では第二声として発音する。

bú huì bú shì bú duì

2. 选词填空。

Complete the dialogues with the words given.

単語を選んで、文を完成しなさい。

jiào	bú jiào	shì	bú shì
叫	不叫	是	不是

Wǒ______ Luójié. Nǐ ______ shénme?

1）罗杰：我______罗杰。你______什么？

Wǒ______ Wáng Huì, wǒ______ Mùcūn de mìshū.

王慧：我______王慧，我______木村的秘书。

Nǐ hǎo, wǒ______ Lǐ Qiáng.

2）李强：你好，我______李强。

Nǐ hǎo, wǒ ______ Mùcūn, wǒ ______ Rìběnrén.
木村：你 好，我 ______ 木 村，我 ______ 日本人。

Zhè ______ "qīngcài" ma?
3）琳达：这 ______ "青 菜"吗？

Bù, zhè ______ "qīngcài", zhè ______ "xīhóngshì".
王慧：不，这 ______ "青 菜"，这 ______ "西红柿"。

Zhè ______ chéngzhī ma?
4）罗　杰：这 ______ 橙 汁 吗？

Bù, zhè ______ chéngzhī, zhè ______ píjiǔ.
服务员：不，这 ______ 橙 汁，这 ______ 啤酒。

yǒu　méiyǒu
有　没有

Nǐmen yǒu kāfēi ma?
5）你 们 有 咖啡 吗？

Wǒmen ______ kāfēi, yě ______ chéngzhī.
我 们 ______ 咖啡，也 ______ 橙 汁。

Nǐmen yǒu píjiǔ ma?
6）你 们 有 啤酒 吗？

Duìbuqǐ, wǒmen ______ píjiǔ.
对不起，我 们 ______ 啤酒。

Nǐ yǒu qīngcài ma?
7）你 有 青 菜 吗？

Wǒ ______ qīngcài.
我 ______ 青 菜。

Luójié yǒu diànnǎo ma?
8）罗杰 有 电 脑 吗？

Luójié ______ diànnǎo, tā de mìshū yě méiyǒu diànnǎo.
罗杰 ______ 电 脑，他 的 秘 书 也 没有 电 脑。

yào　bú yào
要　不 要

Nín yào kāfēi ma?
9）您 要 咖啡 吗？

Hǎo. Wǒ ______ yì bēi kāfēi.
好。我 ______ 一 杯 咖啡。

Nín yào chéngzhī ma?
10）您 要 橙 汁 吗？

Wǒ______chéngzhī, wǒ yào xīguāzhī.
我______橙 汁，我 要 西瓜汁。

Nín yào chéngzhī ma?
11）您 要 橙 汁 吗？
Wǒ______chéngzhī, wǒ yě yào xīguāzhī.
我______橙 汁，我 也 要 西瓜汁。

Nǐmen yào qīngcài ma?
12）你们 要 青 菜 吗？
Wǒmen______qīngcài. Nǐ yǒu xīhóngshì ma?
我 们______青 菜。你 有 西 红 柿 吗？

3. 替换练习。

Substitute the words given for the words underlined.

言い換えの練習。

Nǐ yào shénme?
1）A：你 要 什 么？
Wǒ yào yì bēi kāfēi. Duōshao qián?
B：我 要 一 杯 咖啡。多 少 钱？
Èrshíbā kuài.
A： 28 块 。

yì bēi xīguāzhī 一 杯 西瓜汁	sānshí kuài 30 块
yì jīn qīngcài 一 斤 青 菜	yí kuài 1 块
yì jīn xīhóngshì 一 斤 西 红 柿	liǎng kuài 2 块

Nín mǎi shénme?
2）A：您 买 什 么？
Wǒ mǎi yì bēi kāfēi hé yì bēi chéngzhī. Yígòng duōshao qián?
B：我 买 一 杯 咖啡 和 一 杯 橙汁 。一共 多 少 钱？
Yígòng wǔshísān kuài.
A：一 共 53 块 。

yì bēi píjiǔ hé yì bēi xīhóngshìzhī 一 杯 啤酒 和 一 杯 西红柿 汁	sìshíqī kuài 47 块
yì jīn xīhóngshì hé yí ge xīguā 一 斤 西红柿 和 一 个 西瓜	liù kuài 6 块
liǎng jīn qīngcài 两 斤 青 菜	liǎng kuài 2 块

4. 仿照例句，用"也"改写句子。

Follow the example, rewrite the sentences using 'yě'.

例に従い、「也」を使って、文を書き換えなさい。

Wǒ shì Yīngguórén.
例：我 是 英 国 人。

Wǒ yě shì Yīngguórén.
我也是英国人。

Wǒ jiào Luójié, wǒ shì diànnǎo gōngchéngshī.
1）罗杰：我叫罗杰，我是电脑工程师。
Wǒ jiào Lǐ Qiáng, ______________________.
李强：我叫李强，______________________。

Wǒ yào yì bēi chéngzhī.
2）罗杰：我要一杯橙汁。
______________________.
李强：______________________。

Wǒ yào mǎi liǎng jīn qīngcài.
3）王慧：我要买两斤青菜。
______________________.
琳达：______________________。

Wǒ de qīngcài hěn hǎo, wǒ de xīhóngshì ______________________.
4）摊主：我的青菜很好，我的西红柿______________________。

5. 数字练习。

Numbers.

数字の練習。

1）请读出下列数字。

Read the following numbers.

次の数字を読みなさい。

4　　8　　12　　44　　103　　250　　4790　　50860

2）根据汉语拼音写出数字。

Write down the corresponding Arabic numerals.

次の発音を読んで、数字を書きなさい。

qī	________	shíjiǔ	________
qīshísì	________	liǎngbǎi	________
wǔbǎi líng èr	________	liǎngqiān yìbǎi líng bā	________
liùqiān líng sānshíwǔ	________	yíwàn qīqiān sìbǎi èrshísì	________

6. 根据图案完成对话。

Complete the dialogues according to the pictures.

図を見て会話を完成しなさい。

Nǐ hǎo, nǐ yào shénme?
1）服务员：你 好，你 要 什 么？

Wǒ yào ______.
罗 杰：我 要 ______。

Duìbuqǐ, wǒmen méiyǒu kāfēi.
服务员：对不起，我 们 没 有 咖啡。

Nǐ yào chéngzhī ma?
你 要 橙 汁 吗？

Hǎo, ______ chéngzhī.
罗 杰：好，______ 橙 汁。

Nǐmen de xīguāzhī ______?
2）李 强：你 们 的 西瓜汁 ______？

Hěn hǎo.
服务员：很 好。

______ yì bēi xīguāzhī. ______?
李 强：______ 一 杯 西瓜汁。______？

Sānshí kuài.
服务员：30 块。

Zhè shì ______?
3）琳达：这 是 ______？

Zhè shì qīngcài.
摊主：这 是 青 菜。

______ sān jīn qīngcài.
琳达：______ 三 斤 青 菜。

Yígòng ______?
一 共 ______？

Yígòng jiǔ kuài qián.
摊主：一 共 9 块 钱。

7. 课堂活动。

Practice in class.

クラスゲーム。

老师准备一些常用物品或图片分给学生，请使用下面的句子互相问问题，并回答。

Zhè shì shénme?
这 是 什 么？

Zhè shì ________.
这 是 ________。

________ duōshao qián?
________ 多 少 钱？

________ kuài.
________ 块。

Tīnglì
听力

1. 听写数字。

Listen and write the numbers you heard.

聞こえた数字を書きなさい。

1） 三十
2） 二十四
3） 一百二十八
4） 三百六十七
5） 一千二百三十四

2. 听录音，给下列音节标声调。

Listen to the tape, and give the tones of the following syllables.

テープを聞いて、次の音節に声調をつけなさい。

1） renshi　　2） kafei　　3） gaoxing　　4） yi bei　　5） shenme

3. 听对话，选择正确答案。

Listen and choose the correct answer.

会話を聞いて、正しい答えを選びなさい。

Mùcūn yào hē shénme?
1） 木 村 要 喝 什 么？

kāfēi	chéngzhī	píjiǔ
A. 咖啡	B. 橙 汁	C. 啤酒

Yì bēi píjiǔ duōshao qián?
2） 一 杯 啤酒 多 少 钱？

shíwǔ kuài	èrshíwǔ kuài	shíbā kuài
A. 15 块	B. 25 块	C. 18 块

秀秀老师教汉字

指事字
Indicative Characters

汉字中除了形声字还有一类，它们由抽象的符号组成，或者在象形符号上加指示性符号。我们称这类汉字为指事字。

Besides picto-phonograms, the indicative character is another kind of Chinese characters. Indicative characters are composed of abstract symbols or indicative symbols together with pictograms.

写汉字
Write Characters

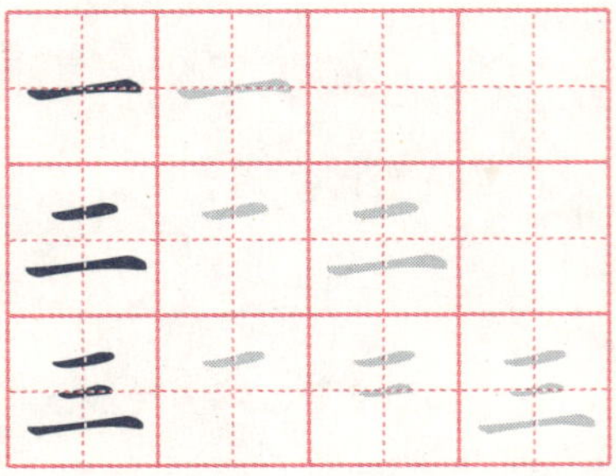

小练习
Exercises

“上”意为 on, over, above, 猜猜“下”是什么意思？

‘上’means on, over, above. Then guess what ‘下’ means?

Revision for previous chapters:

1. 她叫王慧，是大老板的秘书。
2. 这不是青菜，这是西红柿。
3. 他没有电脑，他的秘书也没有电脑。
4. 你要(喝)什么？我要一杯橙汁。
5. 橙汁15块一杯，啤酒20块一杯，咖啡25块一杯。
6. 这个西瓜太贵了，我不要了。

Dì-sì Kè　Nǐ wǎnshang yǒu shíjiān ma?

第四课　你晚上有时间吗?

Unit 4　Do you have time this evening?

第四課　今晩時間がありますか

……, hǎo ma?
……, 好　吗?

…… jǐ ……
……几……

… diǎn … fēn
… 点 … 分

…… zài ……
* ……在…… (use the session with "在")

kèwén
课文

(一)

Hāi, Luójié, jīntiān nǐ máng ma?
李强：嗨，罗杰，今天你忙吗？

Jīntiān wǒ bù máng, nǐ máng ma?
罗杰：今天我不忙，你忙吗？

Wǒ yě bù máng.
李强：我也不忙。

Nǐ wǎnshang yǒu shíjiān ma?
罗杰：你晚上有时间吗？

Yǒu shíjiān.
李强：有时间。

Wǒmen yìqǐ chīfàn, hǎo ma?
罗杰：我们一起吃饭，好吗？
早饭/中饭/晚饭

Hǎode.
李强：好的。

Wǒmen jǐ diǎn jiànmiàn?
罗杰：我们几点见面？

Liù diǎn bàn. Zài fàndiàn jiànmiàn, hǎo ma?
李强：六点半。在饭店见面，好吗？

我们六点半在饭店见面，好吗？
我七点在公司上班。

Hǎode.
罗杰：好的。

Zàijiàn.
李强：再见。

（二）

Wéi, nǐ hǎo, Rìlì Gōngsī.
木村一郎：喂，你好，日立公司。

Nǐ hǎo, Mùcūn Yīláng zài ma?
木村典子：你好，木村一郎在吗？

Ā, Diǎnzǐ, wǒ shì Yīláng.
一　郎：啊，典子，我是一郎。

Nǐ jīntiān jǐ diǎn xiàbān?

典　子：你今天几点下班？

Liù diǎn yí kè.

一　郎：六点一刻。

Wǒmen yìqǐ qù Shànghǎi Rìběnrén Xuéxiào, hǎo ma?

典　子：我们一起去上海日本人学校，好吗？

Hǎo. Wǒmen jǐ diǎn jiànmiàn?

一　郎：好。我们几点见面？

Liù diǎn sìshí fēn, hǎo ma?

典　子：六点四十分，好吗？

Hǎode, shì zài xuéxiào ménkǒu ma?

一　郎：好的，是在学校门口吗？

Duì. Wǎnshang jiàn!

典　子：对。晚上见！

Wǎnshang jiàn!

一　郎：晚上见！

Shēngcí 生词　Vocabulary 単語

1. 嗨	hāi/hēi	hi	相手の注意を引く感動詞；挨拶
2. 今天	jīntiān	today	今日
3. 忙	máng	busy	忙しい
4. 晚上	wǎnshang	evening; night	夜
5. 时间	shíjiān	time	時間
6. 一起	yìqǐ	together	一緒に
7. 吃饭	chīfàn	to have a meal	ご飯を食べる；食事をする
吃	chī	to eat	食べる
饭	fàn	meal	ご飯
8. 几	jǐ	what (time); how many	幾つ

9. 点	diǎn	o'clock	～時
10. 见面	jiànmiàn	to meet	会う
见	jiàn	to see	見る
11. 半	bàn	half	半
12. 在 (/再)	zài	to be in/at/on, etc.	～で、～に、～している、いる、ある
13. 饭店 (酒店 (only hotel))	fàndiàn	restaurant; hotel	レストラン、ホテル
14. 下班 (上班)	xiàbān	to get off work	仕事が終わる
15. 喂	wéi/wèi	hello	もしもし
16. 公司	gōngsī	company	会社
17. 刻	kè	quarter of an hour	十五分
18. 去	qù	to go to	行く
19. 学校 (上学, 放学)	xuéxiào	school	学校
20. 门口 (出口, 入口)	ménkǒu	gate; doorway	入り口
21. 分	fēn	minute	分

Zhuānyǒu Míngcí 专有 名词 Proper Nouns 専有名詞

1. 木村一郎	Mùcūn Yīláng	Kimura Ichiro	木村一郎
2. 木村典子	Mùcūn Diǎnzǐ	Kimura Noriko	木村典子
3. 上海日本人学校	Shànghǎi Rìběnrén Xuéxiào	Shanghai Japanese School	上海日本人学校
4. 日立公司	Rìlì Gōngsī	Hitachi Company	日立会社

课文译文

Text (Translation)

One

Li Qiang: Hi! Roger, are you busy today?

Roger: No, I'm not busy. How about you?

Li Qiang: I am not busy either.

Roger: Do you have time this evening?

Li Qiang: Yes, I have.

Roger　: Shall we have dinner together?

Li Qiang : All right.

Roger　: What time shall we meet?

Li Qiang : Six thirty at the restaurant, Okay?

Roger　: Okay.

Li Qiang : See you!

Two

Ichiro : Hello, Hitachi Corporation.

Noriko : Hello, is Kimura in?

Ichiro : Ah! Noriko, this is Ichiro.

Noriko : What time do you get off work today?

Ichiro : Quarter past six.

Noriko : Shall we go to Shanghai Japanese School together?

Ichiro : Okay. What time shall we meet?

Noriko : Six forty, okay?

Ichiro : Okay. Are we going to meet at the school gate?

Noriko : Yes. See you this evening!

Ichiro : See you!

本　文

(一)

李　強：ロジャさん、今日は忙しいですか。

ロジャ：いいえ、今日は忙しくないです。あなたは忙しいですか。

李　強：私も忙しくないです。

ロジャ：今晩時間がありますか？

李　強：時間があります。

ロジャ：ご一緒に食事は如何ですか？

李　強：いいですね！

ロジャ：何時にお会いしましょうか。

李　強：六時半にレストランでは如何ですか？

ロジャ：いいですよ。

李　強：さようなら。

(二)

木村一郎：はい、日立でございます。

木村典子：こんにちは。木村一郎はいますか。
一　郎：ああ、典子。私だよ。
典　子：今日何時に仕事が終わる？
一　郎：六時十五分。
典　子：一緒に上海日本人学校に行きましょうか。
一　郎：OK、何時に会おうか。
典　子：六時四十分でいい？
一　郎：OK、学校の入り口で会おうか。
典　子：はい、夕方会いましょ。
一　郎：じゃあね。

Shíjiān Lièbiǎo (Yī)
时间列表（一）
Timetable One
時間の表（一）

zǎoshang 早上	shàngwǔ 上午	zhōngwǔ 中午	xiàwǔ 下午	wǎnshang 晚上

qiántiān 前天	zuótiān 昨天	jīntiān 今天	míngtiān 明天	hòutiān 后天

shíjiān: 时间：　diǎn 点　fēn 分　yí kè = shíwǔ fēn 1 刻 = 15 分　bàn = sānshí fēn 半 = 30 分

Liànxí 练习

1. 朗读下列词语，并注意 j、q、x 三个声母的发音。

Read the following words and pay attention to the pronunciation of j, q and x.

次の言葉を読んで、「j, q, x」三つの子音の発音に注意しなさい。

shíjī　jiànmiàn　jùzi　shíqī　qiáncái
qǔzi　shíxí　xiànzài　xūzhī

2. 选词填空。

Complete the sentences with the words given.

単語を選んで文を完成しなさい。

yǒu 有	méiyǒu 没有	yào 要	bú yào 不要

Nǐ wǎnshang ________ shíjiān ma?
1）A：你晚上 ________ 时间吗？

Wǒ ________ shíjiān. Jīntiān wǒ bù máng.
B：我 ________ 时间。今天我不忙。

Nín ________ mǎi shénme?
2）A：您 ________ 买什么？

Wǒ ________ sān jīn qīngcài hé liǎng jīn xīhóngshì.
B：我 ________ 三斤青菜和两斤西红柿。

Míngtiān zhōngwǔ wǒmen yìqǐ chīfàn, hǎo ma?
*3）A：明天中午我们一起吃饭，好吗？

Duìbuqǐ, míngtiān zhōngwǔ wǒ ________ shíjiān. Wǒ ________ qù xuéxiào.
B：对不起，明天中午我 ________ 时间。我 ________ 去学校。

Nín hǎo, nǐ ________ shénme?
*4）A：您好，你 ________ 什么？

Nǐmen ________ xīguāzhī ma?
B：你们 ________ 西瓜汁吗？

Duìbuqǐ, wǒmen ________ xīguāzhī. Nín ________ chéngzhī ma?
A：对不起，我们 ________ 西瓜汁。您 ________ 橙汁吗？

Wǒ ________ chéngzhī. Wǒ ________ yì bēi kāfēi.
B：我 ________ 橙汁。我 ________ 一杯咖啡。

3. **替换练习**。

Substitute the words given for the words underlined.

言い換えの練習。

Wǒmen yìqǐ chīfàn, hǎo ma?
1）A：我们一起吃饭，好吗？

Hǎode.
B：好的。

yìqǐ qù xuéxiào 一起去学校
qī diǎn bàn zài xuéxiào ménkǒu jiànmiàn 七点半在学校门口见面
yào liǎng bēi kāfēi 要两杯咖啡
mǎi píjiǔ hé chéngzhī 买啤酒和橙汁

Wǎnshang yǒu shíjiān ma?
2) A: 晚 上 有 时 间 吗?
Yǒu.
B: 有。
Wǒmen qù chīfàn, hǎo ma?
A: 我 们 去 吃 饭, 好 吗?

míngtiān shàngwǔ 明天 上午	qù gōngsī 去公司	
hòutiān wǎnshang 后天 晚上	qī diǎn 七点	qù Rìběnrén Xuéxiào 去日本人学校
jīntiān zhōngwǔ 今天 中午	zài fàndiàn ménkǒu jiànmiàn 在饭店门口见面	
míngtiān wǎnshang 明天 晚上	qù hē kāfēi 去喝(to drink)咖啡	

Nǐ yào jǐ jīn píngguǒ?
*3) A: 你 要 几 斤 苹 果?
Liǎng jīn.
B: 两 斤。

jīn 斤	qīngcài 青菜	sān jīn 三斤
bēi 杯	píjiǔ 啤酒	yì bēi 一杯
bēi 杯	kāfēi 咖啡	sì bēi 四杯

**4. 用"在"及所给的词完成下列句子。

Complete the following sentences using 'zài' and the given words.

「在」と与えられた言葉を使って、次の文を完成しなさい。

Tā bú zài gōngsī. (bù, gōngsī)
例: 他不在公司。(不, 公司)

Mùcūn Yīláng ________ shàngbān. (Rìlì Gōngsī)
1) 木村一郎 ________ 上班。(日立 公司)

Zuótiān xiàwǔ tā ________. (bù, Shànghǎi Rìběnrén Xuéxiào)
2) 昨天下午他 ________。(不, 上海日本人学校)

Wǒmen wǎnshang ________ chīfàn. (bù, fàndiàn)
3) 我们晚上 ________ 吃饭。(不, 饭店)

Míngtiān zǎoshang bā diǎn yí kè tāmen ________ jiànmiàn. (xuéxiào ménkǒu)
4) 明天早上八点一刻他们 ________ 见面。(学校 门口)

5. 仿照例句变换句型。

Rewrite the following sentences.

例に従って、文を書き換えなさい。

Wǒmen chīfàn.
例: 我们吃饭。

Wǒmen chīfàn, hǎo ma?
我们吃饭，好吗？

Wǒmen sān diǎn zài fàndiàn chīfàn.
1）我们 三 点 在 饭店 吃饭。

______________________，________？

Wǒmen míngtiān xiàwǔ qù xuéxiào.
2）我们 明天 下午 去 学校。

______________________，________？

Nǐ hòutiān shàngwǔ qù Rìlì Gōngsī.
3）你 后天 上午 去 日立 公司。

______________________，________？

Wǒmen jīntiān wǎnshang zài gōngsī ménkǒu jiànmiàn.
4）我们 今天 晚上 在 公司 门口 见面。

______________________，________？

Wǒmen mǎi sān jīn qīngcài.
5）我们 买 三 斤 青菜。

______________________，________？

Wǒ yào yì bēi kāfēi.
6）我 要 一 杯 咖啡。

______________________，________？

6. 用汉语说出下列时间。

Say the following times in Chinese.

中国語で次の時間を言いなさい。

例：6:40 p.m.　wǎnshang liù diǎn sìshí fēn　晚上六点四十分

1）6:30 a.m.　________

2）10:15 a.m.　________

3）12:00 a.m.　________

4）3:10 p.m.　________

5）7:45 p.m.　________

6）11:00 p.m.　________

7. 根据括号里的时间完成句子。

Complete the following sentences with the time given.

カッコの時間を用いて、文を完成しなさい。

Nǐ jǐ diǎn xiàbān?
1）你 几 点 下 班？

Wǒ________________.
我________________。
（5:00 p. m.）

Nǐ jǐ diǎn shàngbān?
2）你 几 点 上 班（go to work）？

Wǒ________________.
我________________。
（9:00 a. m.）

Wǒmen jǐ diǎn jiànmiàn?
3）我们 几 点 见 面？

Wǒmen________________.
我们________________。
（11:15 a. m.）

Nǐmen jǐ diǎn chīfàn?
4）你们 几 点 吃饭？

Wǒmen________________.
我们________________。
（7:45 p. m.）

Tāmen jǐ diǎn qù Rìběnrén Xuéxiào?
5）他们 几 点 去日本人 学 校？

Tāmen________________.
他们________________。
（6:55 p. m.）

Optional

8. 根据图画说说木村一郎和典子一天的时间安排。

According to the pictures, talk about Kimura Ichiro and Noriko's schedule for the day.

図に基づいて、木村さんと典子さんの一日のスケジュールについて話しなさい。

1）________________

2）________________

3）________________

4）________________

5）________________

9. 用所给的词完成对话。

Complete the following dialogues with the words given.

カッコ内の単語を使って、会話を完成しなさい。

Luójié, jīntiān __________ ? (máng)

1）李强：罗杰，今天 __________ ？（忙）

__________ . (bù máng)

罗杰：__________ 。（不　忙）

Míngtiān wǎnshang __________ ? (shíjiān)

2）李强：明天晚上 __________ ？（时间）

__________ . (yǒu)

罗杰：__________ 。（有）

Wǒmen __________ , hǎo ma? (yìqǐ hē kāfēi)

3）李强：我们 __________ ，好吗？（一起喝咖啡）

__________ .

罗杰：__________ 。

Wǒmen __________ ? (jiànmiàn, jǐ diǎn)

4）李强：我们 __________ ？（见面，几点）

Qī diǎn.

罗杰：七点。

Wǒmen __________ , hǎo ma? (jiànmiàn, fàndiàn)

5）李强：我们 __________ ，好吗？（见面，饭店）

Hǎode.

罗杰：好的。

Wǒmen ＿＿＿＿＿，hǎo ma？（yìqǐ qù xuéxiào）
6）李强：我们＿＿＿＿＿，好吗？（一起去学校）

Duìbuqǐ，＿＿＿＿＿.（shíjiān）
罗杰：对不起，＿＿＿＿＿。（时间）

Nǐ ＿＿＿＿＿？（xiàbān，jǐ diǎn）
7）李强：你＿＿＿＿＿？（下班，几点）

Wǔ diǎn bàn.
罗杰：五点半。

Wǒmen ＿＿＿＿＿，hǎo ma？（jiànmiàn，xuéxiào ménkǒu）
8）李强：我们＿＿＿＿＿，好吗？（见面，学校门口）

Hǎode.
罗杰：好的。

10. 课堂活动。

Practice in class.

クラスゲーム。

1）请写下你在本周日的日程安排，并请一位同学告诉大家你的安排。

例：

zǎoshang	jiǔ diǎn	qù Rìběnrén Xuéxiào
早上	9:00	去日本人学校
＿＿＿	＿＿＿	＿＿＿＿＿
＿＿＿	＿＿＿	＿＿＿＿＿
＿＿＿	＿＿＿	＿＿＿＿＿
＿＿＿	＿＿＿	＿＿＿＿＿
＿＿＿	＿＿＿	＿＿＿＿＿
＿＿＿	＿＿＿	＿＿＿＿＿
＿＿＿	＿＿＿	＿＿＿＿＿
＿＿＿	＿＿＿	＿＿＿＿＿

2）学生两人一组，彼此邀请。请注意确定约会的日期、时间、见面的地点。然后告诉大家你们去哪里，什么时候，在哪儿见面。

Tīnglì
听力

1. 选出听到的韵母或声母。

Listen and choose the correct initial or final.

聞こえた子音か母音を選びなさい。

1) d____　　A. uì　　B. ùn　　C. īu

2) h____　　A. uàn　　B. uài　　C. àn

3) __ī　　A. j　　B. q　　C. x

4) __ě　　A. g　　B. k　　C. e

2. 听录音，给下列音节标声调。

Listen and give the tones for the following syllables.

テープを聞いて、次の音節に声調をつけなさい。

(1) ji dian　　(2) bu mang

(3) xuexiao　　(4) shijian

(5) hao ma

3. 听录音，完成句子。

Listen and complete the following sentences.

テープを聞いて、文を完成しなさい。

1) Wǒ měi tiān ________ shàngbān.

2) Wǒmen xiàwǔ sān diǎn ________ qù xuéxiào, hǎo ma?

3) Wǒ wǎnshang yǒu ________, yìqǐ ________, hǎo ma?

秀秀老师教汉字

象形字

Pictogram

汉字中除了形声字、指事字，还有一些汉字是根据事物大概的样子，用线条描画实物的形状而来的，我们称此类汉字为象形字。

Pictogram is also a kind of Chinese characters. And strokes in a character of this kind are meant to draw the shape of the things they represent.

写汉字

Write Characters

	木	一	十	才	木
	山	丨	山	山	
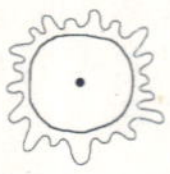	日	丨	冂	月	日

水、日、月、果、刀

小练习

Exercises

将下列汉字和相匹配的图画相连。

Match the characters with pictures.

口

火

门

心

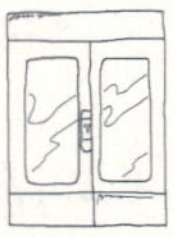

复习

1. 今天，我不忙。
2. 明天，我们九点见面。
3. 他们昨天晚上在饭店一起吃饭。
4. 你几点去公司上班？
5. 我在公司门口等你。

Dì-wǔ Kè Wǒ xīngqītiān yào jiābān
第五课 我星期天要加班

Unit 5 I will work overtime on Sunday

第五課 私は日曜日に休日出勤をします

…… v. + yíxiàr ……
……v. + 一下儿……

…… yǒu + méiyǒu + ……
…… 有 + 没有 + …… v. + neg. v. = v. . . . 吗?

…… qù + v. ……
……去 + v. ……

…… adj. + bu + adj. ……
……adj. + 不 + adj. …… = adj. + 吗?

kèwén
课文

(一)

Wéi, nǐ hǎo, wǒ zhǎo Lǐ Qiáng.
王慧：喂，你好，我找李强。

Nín guì xìng?
罗杰：您贵姓？

Wǒ xìng Wáng, wǒ jiào Wáng Huì.
王慧：我姓王，我叫王慧。

Qǐng děng yíxiàr.
罗杰：请等一下儿。

Hǎo de.
王慧：好的。

……

Wéi, nǐ hǎo.
李强：喂，你好。

Nǐ hǎo. Wǒ shì Wáng Huì. Wǎnshang yǒu méiyǒu kòngr?
王慧：你好。我是王慧。晚上有没有空儿？

Yǒu kòngr.
李强：有空儿。

Wǒmen jīntiān wǎnshang qù kàn diànyǐng, hǎo bu hǎo?
王慧：我们今天晚上去看电影，好不好？

Hǎo a, nǐ jǐ diǎn xiàbān?
李强：好啊，你几点下班？

Liù diǎn bàn.
王慧：六点半。

Wǒmen qī diǎn zài diànyǐngyuàn ménkǒu jiàn, hǎo ma?
李强：我们七点在电影院门口见，好吗？

Hǎo. Wǒ děng nǐ. Zàijiàn!
王慧：好。我等你。再见！

Wǎnshang jiàn.
李强：晚上见。

(二)

Bàba, xīngqītiān wǒmen qù Shìjì Gōngyuán wán, hǎo bu hǎo?

木村南帆：爸爸，星期天 我们 去 世纪 公 园 玩，好 不 好？

Hǎo zhǔyi!

木村幸治：好 主意！

Kěshì wǒ xīngqītiān méiyǒu kòngr.

木村一郎：可是 我 星期天 没 有 空儿。

Bàba, nǐ zǒngshì hěn máng.

南　帆：爸爸，你 总 是 很 忙 。

Duì, nǐ zǒngshì méiyǒu shíjiān.

幸　治：对，你 总 是 没(有)时 间 。

Xià ge xīngqī, hǎo bu hǎo? Xià ge xīngqī nǐ máng bu máng?

木村典子：下 个 星期，好 不 好？下 个 星期 你 忙 不 忙 ？

Xià ge xīngqītiān jǐ hào?

一　郎：下 个 星期天 几 号？

Sān yuè shíwǔ hào.

典　子：三 月 十五 号 。

Āiyā! Wǒ xià ge xīngqī chūchāi.

一　郎：哎呀！我 下 个 星期 出 差 。

Nà wǒmen xià ge yuè qù.

典　子：那 我 们 下 个 月 去。

Hǎo ba!
南帆、幸治：好 吧！

Shēngcí 生词 Vocabulary 单語

1. 找	zhǎo	to look for ✍ / change	見つける
2. 您贵姓？	Nín guì xìng?	What is your surname?	お名前はなんとおっしゃいますか
贵	guì	noble; respectful; expensive	貴～(接頭詞。尊敬の意を表す)
姓	xìng	surname	苗字
3. 一下儿	yíxiàr	a short while	少しして、少々
4. 请	qǐng	please ✍ / treat, invite	～てください
5. 等	děng	to wait ✍ / etc.	待つ
6. 空儿 ✍ 有空 / 没有空	kòngr	free time	暇、空いている
7. 看	kàn	to look	見る
8. 电影院	diànyǐngyuàn	cinema	映画館
电影 ✍ / 电脑	diànyǐng	movie	映画
9. 星期天	xīngqītiān	Sunday	日曜日
星期	xīngqī	week	週
10. 玩	wán	to play; to enjoy oneself	遊ぶ
11. 公园	gōngyuán	park	公園
12. 主意	zhǔyi	idea	アイディア
13. 可是	kěshì	but	でも；しかし
14. 总是	zǒngshì	always	いつも
15. 下个星期	xià ge xīngqī	next week	来週
下	xià	next	次(この課の文章の場合)
个	gè	a measure word	個
16. 号	hào	date; number	日
17. 月	yuè	month	月

18. 哎呀	āiyā	interjection	あっ(感動詞)
19. 出差	chūchāi	to go on a business trip	出張する
20. 那	nà	then, in that case	それでは
21. 吧	ba	a modal particle expressing a moderate tone (used chiefly in a question, a suggestion, etc.)	文末感動詞

Zhuānyǒu Míngcí 专有 名词 Proper Nouns 専有名詞

世纪公园	Shìjì Gōngyuán	Century Park	世紀公園
木村南帆	Mùcūn Nánfān	Kimura Naho	木村南帆
木村幸治	Mùcūn Xìngzhì	Kimura Kouji	木村幸治

课文译文

Text (Translation)

One

Wang Hui: Hello! May I speak to Li Qiang?

Roger: What's your surname?

Wang Hui: My surname is Wang. I am Wang Hui.

Roger: Please wait a moment.

Wang Hui: Okay.

……

Li Qiang: Hello!

Wang Hui: Hello! This is Wang Hui. Do you have free time this evening?

Li Qiang: Yes, I have free time.

Wang Hui: Shall we go to see a movie this evening?

Li Qiang: Sounds good. When do you get off work?

Wang Hui: Half past six.

Li Qiang: Shall we meet at the entrance of the cinema at seven?

Wang Hui: Okay. I will wait for you. See you!

Li Qiang : See you this evening!

Two

Naho : Dad, shall we go to Century Park this Sunday?

Kouji : That is a good idea!

Ichiro : But I don't have time this Sunday.

Naho : You are always busy, dad.

Kouji : Yes, you always have no time.

Noriko : What about next week? Will you be busy next week?

Ichiro : What is the date next Sunday?

Noriko : March 15.

Ichiro : Oh, no! I will go on a business trip next week.

Noriko : Let's go there next month then.

Naho、Kouji : Okay.

本　文

(一)

王　　慧：こんにちは、李強さんをお願いします。

ロジャー：お名前はなんとおっしゃいますか。

王　　慧：王です。王慧と申します。

ロジャー：少々お待ちください。

王　　慧：はい。

……

李　　強：もしもし、こんにちは。

王　　慧：こんにちは。王慧です。今晩お時間がありますか。

李　　強：ありますよ。

王　　慧：映画を一緒に見に行きませんか。

李　　強：それはいいですね！ 仕事は何時に終わりますか。

王　　慧：六時半です。

李　　強：七時に映画館の入り口で会いましょうか。

王　　慧：いいですよ。お待ちします。それじゃあ。

李　　強：今晩会いましょう。

(二)

木村南帆 ：お父さん、日曜日世紀公園へ遊びに行きせんか。

木村幸治 ：それはいいアイディアだね。

木村一郎：でも、日曜日はひまがないよ。

南　　帆：お父さん、いつも忙しいですね。

幸　　治：そうだよ。いつも時間がないよ。

木村典子：来週如何ですか。来週は忙しいですか。

一　　郎：来週の日曜日は何日かな。

典　　子：三月十五日です。

一　　郎：あっ、駄目だ、来週は出張が入っている。

典　　子：それでは、来月行きましょう。

南帆、幸治：そうしよう。

Shíjiān Lièbiǎo (Èr)
时间列表（二）

Timetable Two
時間表(二)

xīngqīyī 星期一	xīngqī'èr 星期二	xīngqīsān 星期三	xīngqīsì 星期四
xīngqīwǔ 星期五	xīngqīliù 星期六	xīngqītiān (xīngqīrì) 星期天（星期日）	

yī yuè 1 月	èr yuè 2 月	sān yuè 3 月	sì yuè 4 月	wǔ yuè 5 月	liù yuè 6 月
qī yuè 7 月	bā yuè 8 月	jiǔ yuè 9 月	shí yuè 10 月	shíyī yuè 11 月	shí'èr yuè 12 月

nián yuè rì
2006 年 3 月 6 日

shàng (ge) xīngqī 上（个）星期	zhè (ge) xīngqī 这（个）星期	xià (ge) xīngqī 下（个）星期	měi (ge) xīngqī 每（个）星期
shàng ge yuè 上 个 月	zhè ge yuè 这 个 月	xià ge yuè 下 个 月	měi ge yuè 每 个 月

Liànxí
练习

1. 朗读下列词语，注意送气和不送气的区别。

Read the following words, and pay attention to the aspirated sounds and unaspirated sounds.

次の言葉を読んで、息の出し方に気をつけなさい。

不送气 unaspirated sounds 息を出さない	送气 aspirated sounds 息を出す
b	p
hǎibá	hàipà
shǒubiǎo	shòupiào
bēitòng	péitóng
bīngdēng	píngděng
d	t
dùzi	tùzi
diànqì	tiānqì
jiǎndāo	jiǎntǎo
bèidòng	bēitòng
g	k
gējù	kējǔ
dàgài	dǎkāi
gòuqiàng	kǒuqiāng
fēngguāng	fēngkuáng

*2. 仿照例句，用“去”和“在”造句，并说出句子的意思。

Make sentences with either ‘qù’ or ‘zài’, then tell the meaning of these sentences.

例に従って、「去」と「在」を使って、文を作りなさい。そして、文の意味を説明しなさい。

例：Lǐ Qiáng 李强　Měiguó 美国　chūchāi 出差

Lǐ Qiáng qù Měiguó.
李强去美国。the action

Lǐ Qiáng qù Měiguó chūchāi.
李强去美国出差。the status

Lǐ Qiáng zài Měiguó chūchāi.
李 强 在 美 国 出 差。

Luójié hé Líndá　diànyǐngyuàn　kàn diànyǐng
1）罗杰和琳达　电影院　看电影

Mùcūn hé tàitai　fàndiàn　chīfàn
2）木村和太太　饭店　吃饭

Nánfān hé Xìngzhì　gōngyuán　wán
3）南帆和幸治　公园　玩

Wáng Huì hé Lǐ Qiáng　diànyǐngyuàn　ménkǒu　jiànmiàn
4）王慧和李强　电影院　门口　见面

3. 仿照例句变换句型。

Rewrite the following sentences.

例に従って、文を書き換えなさい。

Wǒ yào xīguāzhī.
例：我 要 西瓜汁。

Wǒ bú yào xīguāzhī.
我 不 要 西瓜汁。

Nǐ yào xīguāzhī ma?
你 要 西瓜汁 吗？

Nǐ yào bu yào xīguāzhī?
你 要 不 要 西瓜汁？

Luójié zài xuéxiào ménkǒu.
1) 罗杰在学校门口。

Jīntiān wǎnshang tāmen qù fàndiàn chīfàn.
*2) 今天晚上他们去饭店吃饭。

Wǒmen xià ge xīngqī qù gōngyuán.
3) 我们下个星期去公园。

Wáng Huì shì lǎobǎn de mìshū.
4) 王慧是老板的秘书。

Wǒ hěn máng.
5) 我很忙。

Mùcūn Yīláng xià ge yuè hěn máng.
*6) 木村一郎下个月很忙。

Wǒ xīngqīliù yǒu shíjiān.
7) 我星期六有时间。

4. 连词成句。

Organize the sentences.

単語を並べ替えて、文を完成しなさい。

méiyǒu　nǐ　yǒu　shíjiān
1）没有　你　有　时间

____

zǒngshì　bàba　kòngr　méiyǒu
2）总是　爸爸　空儿　没有

____

qù　kàn diànyǐng　wǒ　xiàwǔ　míngtiān　sān diǎn
3）去　看电影　我　下午　明天　三点

____

wǒ　qù　xuéxiào　xīngqī　xià ge
4）我　去　学校　星期　下个

____

hǎo bu hǎo　wǒmen　qù　wán　Shìjì Gōngyuán
5）好不好　我们　去　玩　世纪公园

____

5. 根据日历和木村一郎的一周安排回答问题。

Answer the following questions according to Kimura's schedule.

暦と木村一郎の一週間のスケジュールに基づいて、質問に答えなさい。

èr líng líng sì nián wǔ yuè 二零零四年五月							
	xīngqīrì 星期日	xīngqīyī 星期一	xīngqī'èr 星期二	xīngqīsān 星期三	xīngqīsì 星期四	xīngqīwǔ 星期五	xīngqīliù 星期六
			1	2	3	4	5
	6	7	8	9	10	11	12
	13	14	15	16	17	18	19
shàngwǔ 上午	Shìjì Gōngyuán 世纪公园	chūchāi 出差	chūchāi 出差	Rìlì Gōngsī 日立公司			kàn diànyǐng 看电影
xiàwǔ 下午					qù Rìběnrén Xuéxiào 去日本人学校		
wǎnshang 晚上						hé Diǎnzǐ chīfàn 和典子吃饭	
	20	21	22	23	24	25	26
	27	28	29	30			

Jīntiān xīngqī jǐ ?
1）今天 星期几？

____

Hòutiān xīngqī jǐ ?
2）后天 星期 几？

____

Zhè ge yuè wǔ hào xīngqī jǐ ?
3）这 个 月 五 号 星期 几？

____

Zhè ge yuè èrshí hào xīngqī jǐ ?
4）这 个 月 二十 号 星期 几？

____

Zhè ge xīngqīsì jǐ hào?
5）这 个 星期四 几 号？

____

Xià ge xīngqītiān jǐ hào?
6）下 个 星期天 几 号？

____

Wǔ yuè èrshíjiǔ hào xīngqī jǐ ?
7）五 月 二十九 号 星期 几？

____

Mùcūn xīngqīyī hé xīngqī'èr qù__________.
8）木 村 星期一 和 星期二 去__________。

Mùcūn __________zài Rìlì Gōngsī.
9）木 村 __________在 日立 公司。

Mùcūn xīngqīsì__________qù __________.
10）木 村 星期四__________去 __________。

Mùcūn __________hé Diǎnzǐ chīfàn.
11）木 村 __________和 典子 吃 饭。

Mùcūn xīngqītiān hé Xìngzhì、Nánfān __________.
12）木 村 星期天 和 幸 治、南 帆 __________。

6. 用括号里的内容回答问题。

Answer the following questions, using the information in the brackets.

カッコの中の単語を使って、質問に答えなさい。

Nǐmen qù nǎli ?(Shìjì Gōngyuán)
1）你们去哪里(where)?(世纪公园)

______________________________。

Nǐmen qù zuò shénme?(wán)
你们去做（to do）什么?(玩)

______________________________。

Wáng Huì hé Lǐ Qiáng jīntiān wǎnshang qù nǎli ?(diànyǐngyuàn)
2）王慧和李强今天晚上去哪里?(电影院)

______________________________。

Tāmen qù zuò shénme?(kàn diànyǐng)
他们去做什么?(看电影)

______________________________。

Mùcūn Yīláng xià ge xīngqī qù nǎli ?(Zhōngguó)
3）木村一郎下个星期去哪里?(中国)

______________________________。

Tā qù Zhōngguó zuò shénme?(chūchāi)
他去中国做什么?(出差)

______________________________。

Luójié zài nǎli ?(xuéxiào ménkǒu)
4）罗杰在哪里?(学校门口)

______________________________。

Tā zài xuéxiào ménkǒu zuò shénme?(děng wǒ)
他在学校门口做什么?(等我)

______________________________。

Wáng Huì hé Lǐ Qiáng zài nǎli ?(fàndiàn)
5）王慧和李强在哪里?(饭店)

______________________________。

Tāmen zài fàndiàn zuò shénme?(jiànmiàn)
他们在饭店做什么?(见面)

______________________________。

Mùcūn Yīláng zài nǎli ?(gōngsī)
6）木村一郎在哪里?(公司)

______________________________。

Tā zài gōngsī zuò shénme?(shàngbān)
他在公司做什么?(上班)

______________________________。

7. 用所给的词完成对话。

Complete the following dialogues, using the words given.

与えられた言葉で会話を完成しなさい。

Wéi, nǐ hǎo, wǒ zhǎo Lǐ Qiáng.
1) A: 喂,你好,我找李强。
Qǐng__________. (děng)
B: 请__________。(等)

Jīntiān nǐ__________? (máng)
2) A: 今天你__________?(忙)
Wǒ bù máng.
B: 我不忙。

Jīntiān wǎnshang wǒmen__________, hǎo bu hǎo? (chīfàn)
3) A: 今天晚上我们__________,好不好?(吃饭)
Hǎode.
B: 好的。

Wǒmen __________jiànmiàn? (jǐ diǎn)
4) A: 我们__________见面?(几点)
Liù diǎn bàn.
B: 六点半。

Xīngqītiān wǒmen qù Shìjì Gōngyuán wán, hǎo bu hǎo?
5) A: 星期天我们去世纪公园玩,好不好?
Duìbuqǐ, __________. (kòngr)
B: 对不起,__________。(空儿)

8. 课堂活动。

Practice in class.

クラスゲーム。

请老师准备四个盒子,分别标上"约会时间"、"约会地点"、"见面时间"、"见面地点"的标签。请每个同学在四张纸条上写下两个时间,两个地点,分别投入不同的盒子中。请一位同学抽取纸条后,按上面的时间、地点向另一位同学发出邀请。

Wǒmen qù……, hǎo ma?
我们去……,好吗?

Jǐ diǎn jiànmiàn?
几点见面?

zài nǎli……?
在哪里……?

Tīnglì
听力

1. 选出你听到的音节。

Listen and choose the correct syllable.

聞こえた音節を選びなさい。

1） A. chū　B. chī　C. shī　2） A. jiàn　B. kàn　C. bàn

3） A. jiào　B. zhǎo　C. jiàn　4） A. bēi　B. duì　C. guì

2. 填上你听到的词。

Listen and write down the words you heard.

聞こえた単語を入れなさい。

1） ________ chūchāi 出差　________ wán 玩　2） ________ yíxiàr 一下儿　________ yíxiàr 一下儿

3） ________ gōngsī 公司　________ ménkǒu 门口　4） ________ diǎn 点　xīngqī 星期________

3. 听对话，选择正确答案。

Listen to the dialogue, and choose the correct answer.

会話を聞いて、正しい答えを選びなさい。

1） Bàba míngtiān yǒu kòngr ma?
爸爸 明天 有 空儿 吗？

A. yǒu kòngr 有 空儿　B. méiyǒu kòngr 没有 空儿

2） Mùcūn de māma máng ma?
木村 的 妈妈 忙 吗？

A. bù máng 不 忙　B. hěn máng 很 忙

秀秀老师教汉字

复合笔画
Dependent strokes

有些笔画必须连接在其他笔画后才能形成，就是复合笔画，如“折”（㇕）和“钩”

(㇀, ㇄)。

The strokes that must be attached to some other strokes are called dependent strokes. And ‘zhé’(㇇) and ‘gōu’(㇀, ㇄) are dependent strokes.

写汉字

Write Characters

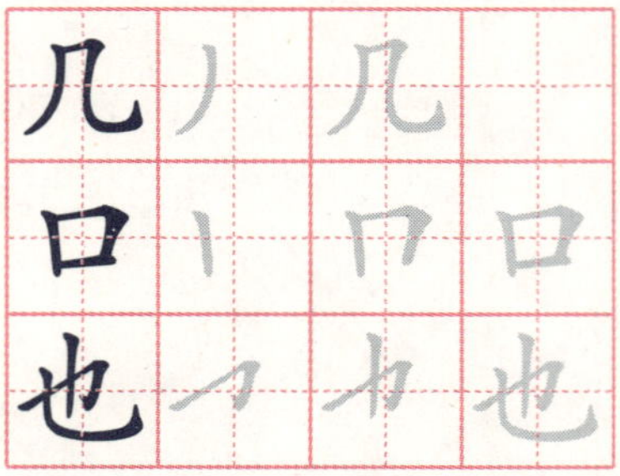

小练习

Exercises

在下列汉字中圈出有“折”或者“钩”笔画的汉字。

Circle the dependent strokes ‘zhé’ and ‘gōu’ in the following characters.

四　　九　　门　　代　　书

复习:

1. 今天星期五。
2. 他们去看电影。(加: 电影院)
3. 我星期天有空。(加: 有时间)
4. 我们一起去公园玩, 好不好?
5. 我在公园门口等你吧!

opening ceremony

national day

Dì-liù Kè Yù Yuán zài nǎli?
第六课 豫园在哪里?

Unit 6 Where is Yu Yuan Garden?

第六課　豫園はどこにありますか

……zài + nǎli?
……在 + 哪里?

……de……
……的……

……v. + …… le.
……v. + ……了。

…… kěyǐ ……
……可以……

kèwén
课文

(一)

Nín hǎo, nín qù nǎli?
司机：您 好，您 去 哪里?

Nǐ hǎo, wǒ qù Hépíng
木村：你 好，我 去 和平

Diànyǐngyuàn.
电影 院。

Hépíng Diànyǐngyuàn zài nǎli?
司机：和平 电影 院 在 哪里?

Zài Xīzàng Lù、Fúzhōu Lù lùkǒu.
木村：在 西藏 路、福州 路路口。

……

Qiánmian de lùkǒu zuǒ guǎi ma?

司机：前面的路口左拐吗？

Bù, yòu guǎi.

木村：不，右拐。

……

Hépíng Diànyǐngyuàn dào le.

木村：和平电影院到了。

Tíng zài ménkǒu, hǎo bu hǎo?

司机：停在门口，好不好？

Hǎode. Duōshao qián?

木村：好的。多少钱？

Èrshísān kuài.

司机：23块。

Wǒ yào fāpiào. Xièxie.

木村：我要发票。谢谢。

Hǎo. Zàijiàn.

司机：好。再见。

（二）

Xiànzài wǒmen qù nǎli? Qù Shìjì Gōngyuán, hǎo bu hǎo?
罗杰：现在我们去哪里？去世纪公园，好不好？

Wǒ xiǎng qù Yù Yuán. Wǒmen yìqǐ qù Yù Yuán chīfàn.
琳达：我想去豫园。我们一起去豫园吃饭。

Yù Yuán zài nǎli?
罗杰：豫园在哪里？

Zài Fúyòu Lù.
琳达：在福佑路。

……

Xiānsheng, qù nǎli?
司机：先生，去哪里？

Qù Yù Yuán.
罗杰：去豫园。

……

Xiānsheng, Yù Yuán dào le. Tíng zài nǎli?
司机：先生，豫园到了。停在哪里？

Yìzhí zǒu, tíng zài qiánmian de lùkǒu.
罗杰：一直走，停在前面的路口。

Duìbuqǐ, lùkǒu bù kěyǐ tíng chē. Tíng zài zhèli, kěyǐ ma?
司机：对不起，路口不可以停车。停在这里，可以吗？

Kěyǐ, duōshao qián?
罗杰：可以，多少钱？

Èrshí kuài.
司机：二十块。

Xièxie. Zàijiàn.
罗杰：谢谢。再见。

Shēngcí 生词　Vocabulary 単語

1. 哪里　nǎli　where　どこ、どちら
2. 路口　lùkǒu　crossing; intersection　交差点

门口，出口，入口

路	lù	road	道
3. 前面	qiánmian	front; ahead	前、先
4. 左拐	zuǒ guǎi	to turn to the left	左曲がり
左	zuǒ	left	左
拐	guǎi	to turn	曲がる
5. 右	yòu	right	右
6. 到	dào	to arrive	着く
7. 了	le	a modal particle expressing the completion of an action	完了を示す
8. 车	chē	car; automobile	車
9. 停	tíng	to stop	止まる
10. 发票	fāpiào	receipt	伝票、領収書
11. 现在	xiànzài	now	今、現在
12. 想	xiǎng	to want	思う；考える；～たい
13. 一直走	yìzhí zǒu	to go straight	まっすぐ行く
一直	yìzhí	straight	ずっと；まっすぐ
走	zǒu	to go; to walk	行く
14. 可以	kěyǐ	can	できる
15. 这里	zhèli	here	ここ、こちら

Zhuānyǒu Míngcí 专有名词 Proper Nouns 専有名詞

西藏路	Xīzàng Lù	Xizang Road	西蔵路
福州路	Fúzhōu Lù	Fuzhou Road	福州路
豫园	Yù Yuán	Yu Yuan Garden	豫園
福佑路	Fúyòu Lù	Fuyou Road	福佑路

Zhǐshì Dàicí (Yī) 指示代词（一）

Demonstrative pronoun (1)

指示代名詞（一）

zhèli zhèr
这里 = 这儿

nàli nàr
那里 = 那儿

nǎli nǎr
哪里 = 哪儿

课文译文

Text（Translation）

One

Driver：Hello! Where are you going?

Kimura：Hello! I want to go to Heping Cinema.

Driver：Where is Heping Cinema?

Kimura：It is at the intersection of Xizang Road and Fuzhou Road.

……

Driver：Shall I turn to the left at the intersection ahead?

Kimura：No. You should turn right.

……

Kimura：We have arrived. Here is Heping Cinema.

Driver：Is it okay if we stop at the doorway?

Kimura：Okay. How much?

Driver：23 yuan.

Kimura：Please give me the receipt. Thanks.

Driver：Okay. Bye.

Two

Roger：Where shall we go now? What about Century Park?

Linda：I want to go to Yu Yuan Garden. Let's go there to have a meal together.

Roger：Where is Yu Yuan Garden?

Linda：It's on Fuyou Road.

……

Driver：Hello, Sir! Where are you going?

Roger：We want to go to Yu Yuan Garden.

……

Driver：We have arrived, Sir. Where shall I stop?

Roger：Go straight ahead and stop at the crossing ahead.

Driver：Sorry, Sir. But it's not allowed to stop at the crossing ahead. Can I stop here?

Roger：Okay. How much?

Driver：20 yuan.

Roger　: Thanks. Bye.

本　文

(一)

運転手: こんにちは。どこへ行きますか。

木　村: こんにちは。平和映画館へ行きます。

運転手: 平和映画館はどこにありますか。

木　村: 西蔵路と福州路の交差点にあります。

……

運転手: 前の交差点で左曲がりですか。

木　村: いいえ、右曲がりです。

……

木　村: 平和映画館に着きました。

運転手: 入り口で止まりましょう。

木　村: いいです。いくらですか。

運転手: 23 元です。

木　村: 伝票をお願いします。ありがとう。

運転手: どういたしまして。さようなら。

(二)

ロジャー: 今どこへ行きましょうか。世紀公園へ行きましょう。

リ ン ダ: 豫園へ行きたいです。一緒に豫園へご飯を食べに行きましょう。

ロジャー: 豫園はどこにありますか。

リ ン ダ: 福佑路にあります。

……

運 転 手: お客様、どこへ行きますか。

ロジャー: 豫園へ行きます。

運 転 手: お客様、豫園に着きました。どこで止まりましょうか。

ロジャー: まっすぐ行って、前の交差点で止まってください。

運 転 手: すみません。交差点で止まってはいけません。ここで止まってもいいですか。

ロジャー: いいです。いくらですか。

運 転 手: 二十元です。

ロジャー: ありがとう。さようなら。

Liànxí
练习

1. 读下列词语，注意"z"和"zh"发音的区别。

Read the following words and pay attention to 'z' and 'zh'.

次の単語を「z」と「zh」の発音に注意して読みなさい。

z – zh		zh – z
zázhì	magazine	zhǎozé
zìzhì	self-control	zhèngzài
zǔzhī	organize; organization	zhǐzé
zànzhù	sponsor	zhǔzǎi
zēngzhǎng	increase	zhùzuò
zuìzhōng	finally	zhàozi
zuòzhě	author	zhuōzi
zūnzhòng	respect	zhǒngzú

2. 替换练习。

Substitute the words given for the words underlined.

言い換えの練習。

Hépíng Diànyǐngyuàn zài nǎli ?
A：和平电影院在哪里？

Hépíng Diànyǐngyuàn zài Xīzàng Lù .
B：和平电影院在西藏路。

Yù Yuán 豫园	Fúyòu Lù 福佑路
Shìjì Gōngyuán 世纪公园	Pǔdōng 浦东（Pudong）
Mùcūn Yīláng 木村一郎	Gōngsī 公司
Luójié hé Líndá 罗杰和琳达	fàndiàn ménkǒu 饭店门口

3. 仿照例句变换句型。

Rewrite the following sentences.

例に従って、書き換えなさい。

Yù Yuán zài Fúyòu Lù.
例：豫园在福佑路。

Yù Yuán bú zài Fúyòu Lù.
豫园不在福佑路。

Yù Yuán zài Fúyòu Lù ma？
豫园在福佑路吗？

Shìjì Gōngyuán zài Pǔdōng.
1）世纪 公 园 在 浦 东 。

Wǒmen qù Hépíng Diànyǐngyuàn.
2）我 们 去 和 平 电 影 院 。

Líndá xiǎng qù Yù Yuán.
3）琳达 想 去 豫 园 。

Mùcūn Yīláng yào fāpiào.
4）木 村 一 郎 要 发票 。

Qiánmian de lùkǒu kěyǐ tíng chē.
✓ 5）前 面 的 路口 可以 停 车 。

Zhè jiào qīngcài.
6）这 叫 青 菜 。

Wǒ xìng Wáng.
7）我 姓 王 。

Wǒmen yǒu chéngzhī.
✓ 8）我 们 有 橙 汁 。（没有）

* **4. 根据划线部分提问。**

Ask questions about the information underlined.

下線部の内容に基づいて、疑問文を作りなさい。

Yù Yuán zài Fúyòu Lù.
例：豫 园 在 福佑 路。
Yù Yuán zài nǎli?
豫 园 在 哪里？

Hépíng Diànyǐngyuàn zài Nánjīng Lù、Xīzàng Lù lùkǒu.
1）和平 电 影 院 在 南 京 路、西 藏 路 路口。

____

Wǒmen zài Shìjì Gōngyuán ménkǒu jiàn.
2）我 们 在 世纪 公 园 门 口 见。

____

Líndá xiǎng qù Yù Yuán chīfàn.
3）琳达 想 去 豫 园 吃 饭。

____

Qiánmian de lùkǒu bù kěyǐ tíng chē.
4）前 面 的 路口 不 可以 停 车。

____

Zhè jiào qīngcài.
5）这 叫 青 菜。

____

Wǒ xìng Wáng.
6）我 姓 王。

____

Wǒ mǎi liǎng jīn xīhóngshì.
7）我 买 两 斤 西红 柿。

____

Wǒ mǎi liǎng jīn xīhóngshì.
8）我 买 两 斤 西红 柿。

____

Yì jīn qīngcài hé yì jīn xīhóngshì yígòng sān kuài qián.
9）一斤 青 菜 和 一 斤 西红 柿 一共 三 块 钱。

____

Xiànzài wǎnshang jiǔ diǎn yí kè.
10）现 在 晚 上 九 点 一 刻。

____

Jīntiān sì yuè èrshíyī hào, xīngqīsān.
11）今 天 4 月 21 号，星期三。

____

Wǒmen zhōngwǔ shí'èr diǎn bàn zài xuéxiào ménkǒu jiànmiàn.
12）我们 中午十二点半 在 学校门口 见面。

____

5. 用"了"完成下列句子。

Complete the following sentences with 'le'.

「了」を使って、文を完成しなさい。

Wǒ qù Hépíng Diànyǐngyuàn.
例：我去和平电影院。

wǒ qù Hépíng Diànyǐngyuàn le.
我去和平电影院了。

Wǒmen qù Shìjì Gōngyuán.
1）我们去世纪公园。

______________________.
______________________。

Tāmen yìqǐ qù Yù Yuán.
√2）他们一起去豫园。

______________________.
______________________。

Lǐ Qiáng hé Wáng Huì yìqǐ kàn diànyǐng.
3）李强和王慧一起看电影。

Shàng ge xīngqītiān ______________________.
上个星期天 ______________________。

Xià ge yuè Mùcūn Yīláng chūchāi.
√4）下个月木村一郎出差。

Zhè ge yuè ______________________.
这个月 ______________________。

6. 把下列词组译成英语或日语。

Translate the following phrases into English.

次のフレーズを訳しなさい。

wǒ de chē
1）我的车

____

lǎobǎn de chē
老板的车

____

gōngsī de chē
公司 的 车

____

nǐ de diànnǎo
2）你 的 电 脑

____

Mùcūn de diànnǎo
木 村 的 电 脑

____

xuéxiào de diànnǎo
学 校 的 电 脑

____

tā de lǎobǎn
3）她 的 老 板

____

Wáng Huì de lǎobǎn
王 慧 的 老 板

____

fàndiàn de lǎobǎn
饭 店 的 老 板

____

tā de mìshū
4）他 的 秘 书

____

Luójié de mìshū
罗 杰 的 秘 书

____

lǎobǎn de mìshū
老 板 的 秘 书

____

gōngsī de kāfēi
5）公司 的 咖啡

____

fàndiàn de kāfēi
饭 店 的 咖啡

____

zhèli de kāfēi
这里 的 咖啡

____

jīntiān de diànyǐng
6) 今天 的 电 影

____

zuótiān wǎnshang de diànyǐng
昨天 晚 上 的 电 影

____

xīngqītiān de diànyǐng
星期天 的 电 影

____

qiánmian de gōngyuán
7) 前 面 的 公 园

____

qiánmian de lùkǒu
前 面 的 路口

____

qiánmian de diànyǐngyuàn
前 面 的 电 影 院

____

7. 看图回答问题。

Answer the following questions according to the picture.

図を見て、質問に答えなさい。

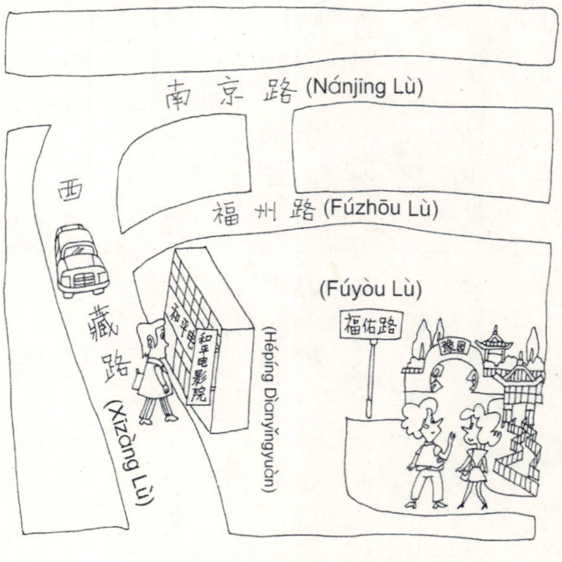

Luójié hé Líndá zài nǎli ?
1) 罗杰 和 琳达 在 哪里?

Tāmen ____________.
他 们 ____________。

Yù Yuán zài nǎli ?
2) 豫 园 在 哪里?

Yù Yuán ____________.
豫 园 ____________。

Mùcūn Yīláng zài nǎli ?
3) 木 村 一 郎 在 哪里?

Tā____________.
他____________。

Hépíng Diànyǐngyuàn zài nǎli ?
4）和平 电影院 在哪里？

Hépíng Diànyǐngyuàn____________.
和平 电影院 ____________。

Chē tíng zài nǎli ?
5）车 停 在 哪里？

Chē____________.
车 ____________。

8. 完成对话。

Complete the following dialogues with the words given.

会話を完成しなさい。

Rìlì Gōngsī__________?（nǎli）
1）司机：日立 公司 __________?（哪里）

Qiánmian__________zuǒ guǎi.（lùkǒu）
木村：前 面 __________ 左 拐。（路口）

Rìlì Gōngsī__________.（dào）
司机：日立 公司 __________。（到）

__________?
木村：__________?

Èrshí kuài.
司机：20 块。

Xièxie. __________.（fāpiào）
木村：谢谢。__________。（发票）

Nǐ yào__________?（nǎli）
2）司机：你 要 __________?（哪里）

Qù Shìjì Gōngyuán.
罗杰：去 世纪 公 园。

Dào le,__________, hǎo ma?（tíng, zhèli）
司机：到 了，__________，好 吗？（停，这里）

Tíng zài gōngyuán__________, kěyǐ ma?（ménkǒu）
罗杰：停 在 公 园 __________，可以 吗？（门口）

Duìbuqǐ,__________bù kěyǐ tíngchē.
司机：对不起，__________不 可以 停 车。

9. 课堂活动。

Practice in class.

クラスゲーム。

1）"豫园在哪里？"

老师准备中英文对照的地图，请同学们写下他们常去的地方，如人民广场、中山公园等，并在地图上找到这些地方，用"……在哪里？"做对话练习。

2）坐出租车

以课堂活动1的地名为目的地，老师扮演出租车司机，学生扮演乘客，进行对话。老师用身体语言提示学生使用以下词：右拐、左拐、停车、路口、多少钱、发票等。

Tīnglì
听力

1. 选择听到的音节。

Listen and choose the correct syllable.

聞こえた音節を選びなさい。

1）A. zǒu 走　　B. zuǒ 左

2）A. dào 到　　B. piào 票

3）A. gè 个　　B. kè 刻

4）A. yòng 用　　B. yào 要

2. 选择正确声调。

Listen and choose the correct tone.

正しい声調を選びなさい。

1）you　　A. ˇ　　B. ˋ

2）ting　　A. ˇ　　B. ˊ

3）na　　A. ˇ　　B. ˋ

3. 听句子，选择正确答案。

Listen to the sentence and choose the correct answer.

文を聞いて、正しい答えを選びなさい。

Wǒ de gōngsī bú zài__________.
1）我 的 公司 不 在__________。

nàli　　　nǎli
A. 那里　　B. 哪里

Xiǎojiě, __________ zài zhèr tíng?
2）小 姐，__________在 这儿 停？

yǒu méiyǒu　　yào bu yào
A. 有 没 有　　B. 要 不 要

Mùcūn, nǐ de xuéxiào__________.
3）木 村，你 的 学 校__________。

dào le　　zhǎo le
A. 到 了　　B. 找 了

秀秀老师教汉字

形声字（一）

Picto-phonograms

在第二课中我们已经了解了形声字以及形旁和声旁的概念。形声字在汉字中占了绝大部分。本课我们将对形声字的声旁、形旁做进一步的了解。

We have already known picto-phonograms, meaning radicals and phonetic radicals. Most Chinese characters are picto-phonograms. In this lesson we will learn more about meaning radicals and phonetic radicals.

声旁 phonetic radicals

马	妈	吗	骂

形旁 meaning radicals

亻	们	他	份

写汉字

Write Characters

们	㇓	亻	亻	亻	们		
妈	㇛	女	女	女	妈	妈	
姓	㇛	女	女	女	女	女	姓	姓

小练习

Exercises

将下列汉字按其形旁归类。

Classify the following characters by meaning radicals.

妹　　们　　妈

奶　　姐　　冲

冰　　他　　凉

你　　冷　　住

女：____________________

冫：____________________

亻：____________________

复习：

1. 今天星期几？今天几号？
2. [今]早上吃饭，[昨]中午去[买菜]公司，明晚上看电影，前天晚上你去哪里了？
3. 我想买三杯咖啡，一共多少钱？
4. 这里的菜太贵了，我们去哪里买吧！

Dì-qī Kè　Nǐ xǐhuan xiǎolóngbāo ma?

第七课　你喜欢小笼包吗?

Unit 7　Do you like Xiaolongbao?

第七課　貴方はショウロンポウは好きですか

……ba：Wǒmen qù chīfàn ba。
……吧：我们去吃饭吧。

hǎo ba
好吧

hǎo +v.：hǎochī，hǎohē
好 +v.：好吃，好喝

tài…… le
太……了

kèwén
课文

(一)

Hāi, Lǐ Qiáng, wǒmen qù chīfàn ba!
罗 杰：嗨，李 强，我 们 去 吃 饭 吧！
Hǎo de. Nǐ xiǎng chī shénme?
李 强：好 的。你 想 吃 什 么？
Wǒ xiǎng chī xiǎolóngbāo.
罗 杰：我 想 吃 小 笼 包。
Nǐ xǐhuan xiǎolóngbāo ma?
李 强：你 喜欢 小 笼 包 吗？
xǐhuan.
罗 杰：喜欢。
Wǒmen yìqǐ qù chī xiǎolóngbāo ba!
李 强：我 们 一起 去 吃 小 笼 包 吧！
Tài hǎo le.
罗 杰：太 好 了。

……

Nǐ xǐhuan jiǎozi ma?
李 强：你 喜欢 饺子 吗？
Xǐhuan, jiǎozi hěn hǎochī.
罗 杰：喜欢，饺子 很 好吃。
Xiǎojiě, wǒ yào yí kè xiǎolóngbāo, liǎng kè jiǎozi.
李 强：小姐，我 要 一 客 小 笼 包，两 客 饺子。

……

Xiǎolóngbāo hǎochī ma?
李 强：小 笼 包 好吃 吗？
Tài hǎochī le.
罗 杰：太 好吃 了。
Xiǎojiě, mǎidān.
李 强：小姐，买 单。
Yígòng bāshíwǔ kuài. Zhè shì fāpiào.
服务员：一共 85 块。这 是 发票。
Xièxie, zàijiàn.
李 强：谢谢，再见。

(二)

Zhèli de Lánzhōu lāmiàn hěn hǎochī.
李强：这里 的 兰 州 拉面 很 好吃。

Duì.
王慧：对。

Jīntiān wǒmen chī Lánzhōu lāmiàn ba!
李强：今天 我 们 吃 兰 州 拉面 吧！

Kěshì wǒ xiǎng chī zhájiàngmiàn.
王慧：可是 我 想 吃 炸 酱 面 。

Zhájiàngmiàn hǎochī ma?
李强：炸 酱 面 好吃 吗？

Hěn hǎochī. Jīntiān wǒmen chī zhájiàngmiàn, míngtiān chī Lánzhōu lāmiàn, hǎo bu hǎo?
王慧：很 好吃。今天 我们 吃 炸酱面 ，明天 吃 兰 州 拉面，好 不 好？

Ǹg, hǎo ba. Nǐ hē shénme?
李强：嗯，好 吧。你 喝 什么 ？

Zhèli de lǜchá hěn hǎohē. Wǒmen hē lǜchá ba!
王慧：这里 的 绿茶 很 好喝。我 们 喝 绿茶 吧！

Hǎo ba! Xiǎojiě, wǒ yào liǎng wǎn zhájiàngmiàn, liǎng bēi lǜchá.
李强：好 吧！小姐，我 要 两 碗 炸 酱 面 ，两 杯 绿茶。

Hǎo de. Xiānsheng, qǐng shāo děng.
服务员：好的。先生，请稍等。

Shēngcí 生词 Vocabulary 単語

1. 喜欢	xǐhuan	to like	好きだ
2. 太……了	tài……le	It's too...	とても…；あまり…
3. 好吃	hǎochī	delicious	おいしい
4. 客	kè	order	～人分
5. 买单	mǎidān	to pay the bill	勘定する
6. 嗯	ǹg	interjection	うん（感動詞）
7. 绿茶	lǜchá	green tea	緑茶
绿	lǜ	green	緑
8. 好喝	hǎohē	nice to drink	（飲み物が）おいしい
喝	hē	to drink	飲む
9. 碗	wǎn	bowl	茶碗
10. 先生	xiānsheng	Sir; mister	男性に対する敬称
11. 请稍等	qǐng shāo děng	please wait for a while	少々お待ちください
稍	shāo	slightly, for a while	少々

Zhuānyǒu Míngcí 专有名词 Proper Nouns 専有名詞

小笼包	xiǎolóngbāo	Shanghai Juicy Steamed Buns	ショウロンポウ
饺子	jiǎozi	dumpling (with vegetable and meat stuffing)	餃子
兰州拉面	Lánzhōu lāmiàn	Lanzhou stretched noodles	蘭州ラーメン
炸酱面	zhájiàngmiàn	noodles with soybean paste	ジャージャン麺

课文译文

Text（Translation）

One

Roger　　：Hi，Li Qiang. Let's go to have dinner.

Li Qiang　：Okay. What would you like to have?

Roger　　：I want to eat xiaolongbao.

Li Qiang　：Do you like xiaolongbao?

Roger　　：Yes，I like it.

Li Qiang　：Let's have xiaolongbao together.

Roger　　：Great!

……

Li Qiang　：Do you like jiaozi?

Roger　　：Yes，I like jiaozi. It's quite delicious.

Li Qiang　：Waitress，I'd like to have an order of xiaolongbao and two orders of jiaozi.

……

Li Qiang　：Is xiaolongbao delicioius?

Roger　　：Yes. It's so good!

Li Qiang　：Waitress，please give us the bill.

Waitress　：85 yuan in all. Here is the receipt.

Li Qiang　：Thanks. Bye-bye.

Two

Li Qiang　：The Lanzhoulamian here is quite good.

Wang Hui：Yes.

Li Qiang　：Let's have Lanzhoulamian today.

Wang Hui：But I want to eat zhajiangmian.

Li Qiang　：Is it delicious?

Wang Hui：It's very good. How about having zhajiangmian today and having Lanzhoulamian tomorrow?

Li Qiang　：Hum，all-right. What do you want to drink?

Wang Hui：The green tea here is good. Let's have green tea.

Li Qiang　：Okay. Waitress，I want two bowls of zhajiangmian and two cups of green tea.

Waitress　: Okay, Sir. Please wait for a while.

本　文

(一)

ロジャー：李さん、一緒にご飯に行きましょうか。

李　　強：はい。何が食べたいですか。

ロジャー：ショウロンポウが食べたいです。

李　　強：ショウロンポウは好きですか。

ロジャー：好きです。

李　　強：一緒にショウロンポウを食べに行きましょう。

ロジャー：それはいいね。

……

李　　強：餃子は好きですか。

ロジャー：好きです。餃子はとてもおいしいです。

李　　強：ショウロンポウを一人前、餃子を二人前ください。

……

李　　強：ショウロンポウはおいしいですか。

ロジャー：とてもおいしかったです。

李　　強：勘定をお願いします。

店　　員：全部で85元です。領収書をどうぞ。

李　　強：ありがとう。さようなら。

(二)

李強：ここの蘭州ラーメンはとてもおいしいです。

王慧：そうですね。

李強：今日は蘭州ラーメンを食べましょう。

王慧：でも、私はジャージャン麺が食べたいです。

李強：ジャージャン麺はおいしいですか。

王慧：とてもおいしいですよ。今日はジャージャン麺を食べて、明日は蘭州ラーメンを食べてはどうですか。

李強：うん、いいですよ。何を飲みましょうか。

王慧：ここの緑茶はとてもおいしいです。緑茶にしましょうか。

李強：そうしましょう。ジャージャン麺を二杯、緑茶を二杯ください。

店員：かしこまりました。少々お待ちくださいませ。

Liànxí

练习

1. 朗读下列词语，注意"c"和"ch"的发音。

Read the following words and pay attention to 'c' and 'ch'.

次の単語を「c」と「ch」の発音に注意して読みなさい。

c – ch		ch – c	
cáichǎn	property	chīcù	be jealous
cāochǎng	playground	chǐcùn	size
cùchéng	facilitate, effect	chǔcáng	save and preserve, store
cúnchǔ	save, memory storage	chuǎicè	guess, conjecture
cíchǎng	magnetic field	chúncuì	simple and pure

2. 替换练习。

Substitute the words given for the words underlined.

言い換えの練習。

1) A：你 想 吃 饺子 吗？
Nǐ xiǎng chī jiǎozi ma?

B：我 想 吃 饺子。
Wǒ xiǎng chī jiǎozi.

hē 喝	lǜchá 绿茶
chī 吃	xiǎolóngbāo 小笼包
qù 去	fàndiàn 饭店
qù 去	gōngyuán 公园

2) 饺子 很 好吃，炸酱面 不 好吃。
Jiǎozi hěn hǎochī, zhájiàngmiàn bù hǎochī.

lǜchá 绿茶	hǎohē 好喝	kāfēi 咖啡	hǎohē 好喝
Yù Yuán 豫园	hǎowán 好玩	Shìjì Gōngyuán 世纪公园	hǎowán 好玩
jīntiān de diànyǐng 今天的电影	hǎokàn 好看	zuótiān de diànyǐng 昨天的电影	hǎokàn 好看

3. 仿照例句变换句型。

Rewrite the following sentences.

例に従って、言い換えの練習をしなさい。

Wǒmen qù chīfàn.
例：我 们 去 吃 饭。

Wǒmen qù chīfàn, hǎo ma?
我 们 去 吃 饭，好 吗？

Wǒmen qù chīfàn, hǎo bu hǎo?
我 们 去 吃 饭，好 不 好？

Wǒmen qù chīfàn ba.
我 们 去 吃 饭 吧。

Wǒmen qù chī jiǎozi.
1）我 们 去 吃 饺子。

______________________，____________

______________________，____________

____

Wǒmen hē chéngzhī.
2）我 们 喝 橙 汁。

______________________，____________

______________________，____________

____

Jīntiān chī zhájiàngmiàn, míngtiān chī Lánzhōu lāmiàn.
3）今 天 吃 炸 酱 面，明 天 吃 兰 州 拉面。

______________________，______________________，____________

______________________，______________________，____________

______________________，______________________

Wǒmen yào yí kè xiǎolóngbāo, liǎng wǎn zhájiàngmiàn.
4）我 们 要 一 客 小 笼 包，两 碗 炸 酱 面。

______________________，______________________，____________

______________________，______________________，____________

______________________，______________________

Wǒmen wǎnshang yìqǐ qù kàn diànyǐng.
5）我 们 晚 上 一起 去 看 电 影。

______________________，____________

______________________，____________

____

Xīngqītiān wǒmen qù Shìjì Gōngyuán wán.
6）星期天 我 们 去 世纪 公 园 玩 。

__________________________，_____________

__________________________，_____________

____

4. 用“很”和“太……了”回答问题。

Answer the following questions, using ‘hěn’ and ‘tài. . . le’.

「很」と「太……了」を使って、質問に答えなさい。

Xiǎolóngbāo hǎochī ma?
例：小 笼 包 好 吃 吗？

Xiǎolóngbāo hěn hǎochī .
小 笼 包 很 好吃 。

Xiǎolóngbāo tài hǎochī le .
小 笼 包 太 好 吃 了。

Jiǎozi hǎochī ma?
1）饺子 好 吃 吗？

Jiǎozi__________.
饺子__________。

Jiǎozi __________.
饺子 __________。

Zhèli de Lánzhōu lāmiàn hǎochī ma?
2）这里 的 兰 州 拉面 好 吃 吗？

Zhèli de Lánzhōu lāmiàn __________.
这里 的 兰 州 拉面 __________。

Zhèli de Lánzhōu lāmiàn __________.
这里 的 兰 州 拉面 __________。

Lǜchá hǎohē ma?
3）绿茶 好 喝 吗？

Lǜchá __________.
绿茶 __________。

Lǜchá __________.
绿茶 __________。

Nàli de kāfēi hǎohē ma?
4）那里 的 咖啡 好 喝 吗？

Nàli de kāfēi ________.
那里 的 咖啡 ________。

Nàli de kāfēi ________.
那里 的 咖啡 ________。

Shìjì Gōngyuán hǎowán ma?
5）世纪 公 园 好 玩 吗？

Shìjì Gōngyuán ________.
世纪 公 园 ________。

Shìjì Gōngyuán ________.
世纪 公 园 ________。

Zuótiān wǎnshang de diànyǐng hǎokàn ma?
6）昨 天 晚 上 的 电 影 好 看 吗？

Zuótiān wǎnshang de diànyǐng________.
昨 天 晚 上 的 电 影 ________。

Zuótiān wǎnshang de diànyǐng________.
昨 天 晚 上 的 电 影 ________。

5. 选词填空。

Complete the following dialogue and phrases with the proper words given.

適切な単語を選んで文を完成しなさい。

1）ma, ba
吗，吧

Xiànzài zhōngwǔ shí'èr diǎn bàn. Wǒmen yìqǐ qù chīfàn, hǎo____?
A：现 在 中 午 十 二 点 半。我 们 一起 去 吃 饭，好____？

Hǎode. Nǐ xǐhuan Lánzhōu lāmiàn____?
B：好 的。你 喜欢 兰 州 拉面____？

Xǐhuan.
A：喜 欢 。

Wǒmen qù chī Lánzhōu lāmiàn____!
B：我 们 去 吃 兰 州 拉面____！

Kěshì jīntiān wǒ xiǎng chī jiǎozi.
A：可是 今天 我 想 吃 饺子。

Zhèli de jiǎozi hǎochī ____?
B：这里 的 饺子 好吃 ____？

Hěn hǎochī. Wǒmen yào liǎng kè jiǎozi, hǎo____?
A：很好吃。我们要两客饺子，好____？

Hǎo____. Nǐ xiǎng chī xiǎolóngbāo____?
B：好____。你想吃小笼包____？

Ǹg. Wǒmen yào liǎng kè jiǎozi, yí kè xiǎolóngbāo____.
A：嗯。我们要两客饺子，一客小笼包____。

2）bēi, wǎn, kè, jīn, gè
杯，碗，客，斤，个

yī____kāfēi 一____咖啡	yī____xīguā 一____西瓜	yī____xiǎolóngbāo 一____小笼包
yī____lǜchá 一____绿茶	yī____miàn 一____面	yī____jiǎozi 一____饺子
yī____xīguāzhī 一____西瓜汁	yī____zhájiàngmiàn 一____炸酱面	zhè____yuè 这____月
yī____qīngcài 一____青菜	yī____Lánzhōu lāmiàn 一____兰州拉面	xià____xīngqī 下____星期
yī____xīhóngshì 一____西红柿	shàng____xīng qī tiān 上____星期天	

6. **将下列词语排列成句子。**

Organize the sentences.

次の言葉を並べ替えて文を完成しなさい。

1）zhèli　kāfēi　hǎohē　de　hěn
这里　咖啡　好喝　的　很

____

2）Yù Yuán　xiǎolóngbāo　de　hǎochī　tài　le
豫园　小笼包　的　好吃　太　了

____

3）Lánzhōu lāmiàn　xǐhuan　nǐ　ma　chī
兰州拉面　喜欢　你　吗　吃

____

4）bù　lǜchá　hǎohē　zhèli　de
不　绿茶　好喝　这里　的

____

7. 用所给的词完成对话。

Complete the following dialogues with the words given.

カッコの中の単語で会話を完成しなさい。

Wǒmen qù________. (chīfàn)
1）罗 杰：我 们 去________。(吃 饭)

Hǎode. ________? (xiǎng)
李 强：好 的。________?(想)

Wǒ________. Nǐ ________ xiǎolóngbāo ma?(xiǎolóngbāo xǐhuan)
罗 杰：我________。你 ________ 小 笼 包 吗?(小 笼 包 喜 欢)

________. (xǐhuan) Kěshì, ________. (xiǎng zhájiàngmiàn)
李 强：________。(喜 欢) 可是, ________。(想 炸 酱 面)

Hǎo ba! Jīntiān wǒmen________. (zhájiàngmiàn)
罗 杰：好 吧!今天 我 们 ________。(炸 酱 面)

Wǒ yào________ hé________. (wǎn zhájiàngmiàn; bēi píjiǔ)
2）李 强：我 要 ________ 和________。(碗 炸 酱 面 ;杯 啤酒)

Wǒ yào________ hé________. (kè xiǎolóngbāo; bēi xīguāzhī)
罗 杰：我 要 ________ 和________。(客 小 笼 包 ;杯 西 瓜 汁)

Hǎode. ________. (děng)
服务员：好 的。________。(等)

Xiǎojiě, ________ (mǎidān)
李 强：小 姐,________ (买 单)

________________. (yí gòng jiǔshíwǔ)
服务员：________________。(一 共 九十五)

Wǒ________. Xièxie! (fāpiào)
3）罗 杰：我 ________。谢 谢!(发票)

Hǎode. ________. (děng)
服务员：好 的。________。(等)

Zhè shì________ (fāpiào)
服务员：这 是________ (发票)

Xièxie, zàijiàn.
罗 杰：谢 谢,再 见 。

8. 课堂活动。

Practice in class.

クラスゲーム。

1）请同学说一说:喜欢吃什么? 喜欢喝什么? 请使用以下句型:

Wǒ xǐ huan…….
我 喜 欢 ……。

Wǒ bù xǐ huan…….
我 不 喜 欢 ……。

Wǒ xiǎng…….
我 想 ……。

Wǒ bù xiǎng…….
我 不 想 ……。

yǐnliào 饮料	shuǐguǒ 水果	shūcài 蔬菜	shípǐn 食品
lǜchá 绿茶	xī guā 西瓜	xī hóngshì 西红柿	xiǎolóngbāo 小笼包
kāfēi 咖啡		qīngcài 青菜	jiǎozi 饺子
píjiǔ 啤酒			Lánzhōu lāmiàn 兰州 拉面
chéngzhī 橙汁			zhájiàngmiàn 炸酱面
xīguāzhī 西瓜汁			

2）老师准备一份菜单，在菜名后面标上拼音。然后，请同学们在课堂上点菜。老师可以根据学生的需要适当补充一些词汇，写在黑板上。补充词汇不要求学生掌握。请注意使用以下句子：

Wǒ yào……
我 要……

……hǎochī ma？
…… 好 吃 吗？

……hǎohē ma？
…… 好 喝 吗？

Tīnglì
听力

1. 选出你听到的词语。

Listen and choose the correct word.

聞こえた単語を選びなさい。

1）A. gāoxìng 高兴　　B. gāojià 高架

2）A. jiànmiàn 见面　　B. xǐhuan 喜欢

fàndiàn　　　　　　　　　　xiànzài
3）A. 饭 店　　　　　　　　　B. 现 在

kàojìn　　　　　　　　　　kěyǐ
4）A. 靠 近　　　　　　　　　B. 可以

chūchāi　　　　　　　　　　lǜchá
5）A. 出 差　　　　　　　　　B. 绿茶

2. 选出你听到的句子。

Listen and choose the correct sentence.

聞こえた文を選びなさい。

1）A. Tā hěn kèqi.　　　　　　B. Tā hǎo kèqi.

2）A. Wǒ xiǎng qù jiǎozi.　　　B. Wǒ xiǎng chī jiǎozi.

3）A. Wǒmen chīfàn ba.　　　　B. Wǒmen chīfàn ma.

3. 听对话，选择正确答案。

Listen to the dialogue and choose the correct answers.

会話を聞いて正しい答えを選びなさい。

Tā xǐhuan lǜchá ma?
1）他 喜 欢 绿茶 吗？

hěn xǐhuan　　　　　　　　bù xǐhuan
A. 很 喜 欢　　　　　　　　B. 不 喜 欢

Wáng Huì xiǎng qù Yù Yuán ma?
2）王 慧 想 去 豫 园 吗？

bù xiǎng qù　　　　　　　　hěn xiǎng qù
A. 不 想 去　　　　　　　　B. 很 想 去

Tā yào duōshao xiǎolóngbāo?
3）他 要 多 少 小 笼 包？

yì jīn　　　　　　　　　　yí kè
A. 一 斤　　　　　　　　　B. 一 客

秀秀老师教汉字

从这一课起，我们每次将学习三个有关联的汉字。今天学习的是由“横、撇”构成的三个汉字。

From this lesson, we will learn three characters every time. Today we will learn three characters as following. They all begin with ‘héng’ and ‘piě’.

写汉字
Write Characters

右	一	ナ	𠂇	右	右	
有	一	ナ	𠂇	冇	有	有
左	一	ナ	𠂇	𠂇	左	

小练习
Exercises

根据所给意义，完成相应汉字。

Complete the following characters according to the meaning.

ナ　　　　(left)

ナ　　　　(right)

ナ　　　　(to have)

Revision:

1. 你喜欢绿茶吗？
2. 今天我买单。
3. 我们一起吃饭，好吗？
4. 我要一客小笼包，小笼包太好吃了。
5. 这里的兰州拉面太贵了。

Dì-bā Kè　Wǒ yào yí fèn wàimài
第八课　我要一份外卖

Unit 8　I want home delivery

第八課　出前を一人前お願いします

…… háishi ……
……还是……

kèwén
课文

(一)

Nín hǎo, zhèli shì Dà
服务员：您　好，这里　是　大
Shànghǎi Fàndiàn.
上　海　饭　店。

Wéi, nǐ hǎo. Wǒ xiànzài
木　村：喂，你　好。我　现在
dìng zuò, kěyǐ ma?
订　座，可以　吗？

Kěyǐ. Qǐngwèn, nǐmen
服务员：可以。请　问，你们
jǐ wèi?
几　位？

Wǒmen yígòng sì ge rén.
木　村：我们　一共　四　个　人。

Nǐmen jǐ diǎn dào?

服务员：你们几点到？

Wǎnshang qī diǎn bàn.

木　村：晚上7点半。

Yào bāofáng háishi yào dàtáng?

服务员：要包房还是要大堂？

Bāofáng guì háishi dàtáng guì?

木　村：包房贵还是大堂贵？

Bāofáng guì, kěshì wǒmen de bāofáng hěn ānjìng.

服务员：包房贵，可是我们的包房很安静。

Wǒ yào bāofáng ba!

木　村：我要包房吧！

Qǐngwèn, nín guì xìng?

服务员：请问，您贵姓？

Wǒ xìng Mùcūn.

木　村：我姓木村。

Mù——cūn——. Hǎode. Zàijiàn!

服务员：木——村——。好的。再见！

Xièxie, zàijiàn!

木　村：谢谢，再见！

(二)

Luó jié , zhōngwǔ nǐ xiǎng chī shénme , zhōngcān háishi xīcān ?
李 强：罗杰，中午你想吃什么，中餐还是西餐？
Wǒmen jiào wàimài ba .
罗 杰：我们叫外卖吧。
Hǎo. Wǒmen chī Màidāngláo ba .
李 强：好。我们吃麦当劳吧。
Kěyǐ .
罗 杰：可以。
Nǐ jiào wàimài háishi wǒ jiào wàimài ?
李 强：你叫外卖还是我叫外卖？
Nǐ jiào ba .
罗 杰：你叫吧。
……
Nǐ hǎo , zhèli shì Màidāngláo .
服务员：你好，这里是麦当劳。
Nǐ hǎo , wǒ yào yí fèn wàimài .
李 强：你好，我要一份外卖。
Hǎode . Xiānsheng , nín yào shénme ?
服务员：好的。先生，您要什么？
Wǒ yào yí ge hànbǎo、yì bēi kělè hé yí fèn sān hào tàocān .
李 强：我要一个汉堡、一杯可乐和一份3号套餐。
Hǎode . Nǐmen de dìzhǐ shì nǎli ?
服务员：好的。你们的地址是哪里？
Shànghǎi Dàshà yāo'èrlíngwǔ shì , jǐ diǎn kěyǐ dào ?
李 强：上海大厦 1205 室，几点可以到？
Shí'èr diǎn sān kè zuǒyòu , kěyǐ ma ?
服务员：12 点 3 刻左右，可以吗？
Hǎo . Xièxie , zàijiàn .
李 强：好。谢谢，再见。
Zàijiàn .
服务员：再见。

Shēngcí 生词　Vocabulary 单語

1. 订座	dìng zuò	to make a seat reservation	席を予約する
订	dìng	to make reservation	予約する
座	zuò	seat	席
2. 请问	qǐngwèn	may I ask; excuse me	(すみません、ちょっと)お伺いしますが
问	wèn	to ask	聞く
3. 位	wèi	a measure word (used with person)	～名(人を数える助数詞)
4. 包房	bāofáng	private room	個室
5. 还是	háishi	or	それとも
6. 大堂	dàtáng	hall; lobby	ホール;ロビー
7. 安静	ānjìng	quiet	静かだ
8. 中餐	zhōngcān	Chinese food	中華料理
9. 西餐	xīcān	Western food	西洋料理
10. 叫外卖	jiào wàimài	to ask for home delivery	出前を頼む
外卖	wàimài	home delivery	出前
11. 份	fèn	set of	～人前(助数詞)
12. 汉堡	hànbǎo	hamburger	ハンバーガー
13. 可乐	kělè	cola	コーラ
14. 套餐	tàocān	set meal	セット;定食
15. 地址	dìzhǐ	address	住所
16. 室	shì	room	室
17. 左右	zuǒyòu	about; around	～くらい;ほど

Zhuānyǒu Míngcí 专有名词　Proper Nouns 専有名詞

1. 大上海饭店	Dà Shànghǎi Fàndiàn	Grand Shanghai Restaurant	大上海飯店

2. 麦当劳 Màidāngláo McDonald's マクドナルド

3. 上海大厦 Shànghǎi Dàshà Broadway Mansion 上海ビル

课文译文

Text (Translation)

One

Waitress: Hello! This is Grand Shanghai Restaurant.

Kimura: Hello! I would like to make a reservation now, Okay?

Waitress: Sure. How many people will come?

Kimura: Altogether four.

Waitress: When will you arrive?

Kimura: 7:30 in the evening.

Waitress: Do you want to have your dinner in a private room or in the hall?

Kimura: Which is more expensive, in a private room or in the hall?

Waitress: The private room is more expensive, but it's very quiet.

Kimura: I want a private room.

Waitress: May I ask your surname?

Kimura: I am Kimura.

Waitress: Kimura. Okay. Bye.

Kimura: Thanks. Bye.

Two

Li Qiang: Roger, what do you want to have for lunch, Chinese food or Western food?

Roger: Let's call for home delivery.

Li Qiang: Okay. What about McDonald's?

Roger: Okay.

Li Qiang: You call or I call?

Roger: You call.

……

Waitress: Hello, McDonald's.

Li Qiang: Hello, I want home delivery.

Waitress: Yes, Sir. What do you want to have?

Li Qiang: I want a hamburger, a coke and a No. 3.

Waitress：Okay. What's your address?

Li Qiang：Suite 1205, Broadway Mansions. When will it arrive?

Waitress：Around 12:45, is that okay?

Li Qiang：Okay. Thanks. Bye.

Waitress：Bye.

本　文

（一）

店員：こんにちは。大上海飯店でございます。

木村：もしもし、こんにちは。今予約をお願いできますか。

店員：はい、何名様でしょうか。

木村：全部で四名です。

店員：何時にご到着でしょうか。

木村：夜七時半です。

店員：お食事は個室とホールのどちらになさいますか。

木村：料金はどちらが高いですか。

店員：個室の方でございますが、こちらの個室は大変静かなつくりになっております。

木村：個室にします。

店員：お名前は何とおっしゃいますか。

木村：木村と申します。

店員：木村様。承りました。

木村：お願いします。

（二）

李　　強：ロジャーさん、お昼は何が食べたいですか。中華料理それとも西洋料理ですか。

ロジャー：出前を頼みましょう。

李　　強：いいですね。マクドナルドを食べましょう。

ロジャー：いいですよ。

李　　強：あなたは頼みますか。それとも私が。

ロジャー：あなたがしましょう。

……

店　　員：こんにちは。マクドナルドでございます。

李　　強：こんにちは。出前を一人前お願いしたいのですが。

店　　員：かしこまりました。お客様、何になさいますか。

李　　強：ハンバーガーをひとつ、コーラを一杯、セットの三番をお願いします。
店　　員：かしこまりました。ご住所はどちらですか。
李　　強：上海ビル1205室です。いつ頃届けてもらえますか。
店　　員：十二時四十五分くらいで宜しいでしょうか。
李　　強：はい、宜しくお願いします。
店　　員：ありがとうございました。

Liànxí
练习

1. 朗读下列词语，注意“s”和“sh”的发音。

Read the following words and pay attention to ‘s’ and ‘sh’.

次の単語を「s」と「sh」の発音に注意して読みなさい。

s – sh		sh – s	
sānshí	thirty	shísān	thirteen
sìshí	forty	shísì	fourteen
sōngshù	pine tree	shàngsi	immediate boss, superior
sùshè	dormitory	shēnsuō	expand & contract
suíshí	at any time 随时	shéngsuǒ	rope
sǔnshī	loss	shōusuō	shrink
suǒshì	trival things	shūsòng	transport, convey

2. 模仿例句用下列词语和“还是”造句。

Organize the sentences with ‘háishi’ and the words given.

例に従い、次の単語と「还是」を使って、文を作りなさい。

例：你们（nǐmen）　要（yào）　包房（bāofáng）　大堂（dàtáng）　什么（shénme）

Nǐmen yào shénme, bāofáng háishi dàtáng?
你们要什么，包房还是大堂？

1）你（nǐ）　想（xiǎng）　吃（chī）　中餐（zhōngcān）　西餐（xīcān）　什么（shénme）

____

2）你（nǐ）　我（wǒ）　叫（jiào）　外卖（wàimài）

____

wǒmen xīngqītiān qù Shìjì Gōngyuán Yù Yuán nǎli
3）我们　星期天　去　世纪　公　园　豫　园　哪里

____

Luójié chī xīguā hē xīguāzhī
4）罗杰　吃西瓜　喝　西瓜汁

____

kāfēi lǜchá hǎohē
5）咖啡　绿茶　好喝

____

Lǐ Qiáng jiào wàimài qù fàndiàn chīfàn
6）李　强　叫　外卖　去　饭店　吃饭

____

bāofáng dàtáng guì
7）包房　大堂　贵

____

3. 仿照例句用"还是"提问。

Ask questions with 'háishi'.

例に従い、「还是」を使って、疑問文を作りなさい。

Wǒmen yào bāofáng. Wǒmen yào dàtáng.
例：我们　要　包　房。我　们　要　大　堂。

Nǐmen yào bāofáng háishi yào dàtáng?
你们　要　包　房　还是　要　大　堂？

Wǒ xǐhuan xiǎolóngbāo. Wǒ xǐhuan jiǎo zi.
1）我　喜　欢　小　笼　包。我　喜　欢　饺　子。

____

Wǒ xiǎng chī zhōngcān. Wǒ xiǎng chī xīcān.
2）我　想　吃　中　餐。我　想　吃　西餐。

____

Wǒ chī xīguā. Wǒ hē xīguāzhī.
3）我　吃　西瓜。我　喝　西瓜汁。

____

Lǜchá hǎohē. Kāfēi hǎohē.
4）绿茶　好喝。咖啡　好喝。

____

Luójié shì Yīngguórén. Luójié shì Měiguórén.
5）罗杰是英国人。罗杰是美国人。

____

Wǒ zhǎo Lǐ Qiáng. Wǒ zhǎo Luójié.
6）我找李强。我找罗杰。

____

Lǐ Qiáng zhǎo nǐ. Luójié zhǎo nǐ.
7）李强找你。罗杰找你。

____

Wǒmen qù fàndiàn chīfàn. Wǒmen jiào wàimài.
8）我们去饭店吃饭。我们叫外卖。

____

4. 根据划线部分提问题。

Ask questions about the information underlined.

下線部の内容に基づいた疑問文を作りなさい。

Wǒ yào yì bēi chá.
例：我要一杯茶。

Nǐ yào jǐ bēi chá?
你要几杯茶？

Wǒ mǎi liǎng jīn píngguǒ.
1）我买两斤苹果。

______________________？

Mùcūn yào yì bēi kāfēi.
2）木村要一杯咖啡。

______________________？

Xiànzài xiàwǔ liù diǎn.
3）现在下午6点。

______________________？

Jīntiān wǔ yuè èr hào xīngqīsān.
4）今天五月二号星期三。

______________________？

Yì jīn qīngcài hé liǎng jīn píngguǒ yígòng shí kuài qián.
5）一斤青菜和两斤苹果一共十块钱。

______________________？

5. 用下列词语填空。

Complete the following dialogues with the words given.

次の中から適切な単語を用いて文を完成しなさい。

hǎochī	hǎohē	hǎowán	hǎokàn
好吃	好喝	好玩	好看

Zhōngwǔ nǐ xiǎng chī shénme, zhōngcān háishi xīcān?
1）A：中午你想吃什么，中餐还是西餐？

Zhōngcān hěn______. Kěshì jīntiān wǒ xiǎng chī xīcān.
B：中餐很______。可是今天我想吃西餐。

Wǒmen yìqǐ qù Màidāngláo chī hànbǎo ba!
A：我们一起去麦当劳吃汉堡吧！

Màidāngláo de hànbǎo______ma?
B：麦当劳的汉堡______吗？

Hěn______. Nàli de chéngzhī yě hěn______.
A：很______。那里的橙汁也很______。

Xīngqītiān nǐ xiǎng qù nǎli, Yù Yuán háishi Shìjì Gōngyuán?
2）A：星期天你想去哪里，豫园还是世纪公园？

Yù Yuán hěn______. Shìjì Gōngyuán______ma?
B：豫园很______。世纪公园______吗？

Hěn______. Wǒmen kěyǐ qù Shìjì Gōngyuán kàn huāzhǎn.
A：很______。我们可以去世纪公园看花展（flower exhibition）。

Shìjì Gōngyuán de huāzhǎn______ma?
B：世纪公园的花展______吗？

Hěn______.
A：很______。

6. 用所给的词完成对话。

Complete the following dialogues with the words given.

カッコの中の単語を使って会話を完成しなさい。

Wǒmen______ba. (wàimài)
1）A：我们______吧。（外卖）

Hǎode.
B：好的。

Nǐ yào______?(shénme)
2) A：你要______?(什么)

Wǒ yào liǎng ge______, yì bēi______.(hànbǎo kělè)
B：我要两个______,一杯______。(汉堡 可乐)

Nǐ yào______, dà kělè______ xiǎo kělè?(shénme háishi)
3) A：你要______,大(big)可乐______小(small)可乐?(什么 还是)

Wǒ__________.(dà kělè)
B：我__________。(大可乐)

Nǐ______________?(dìzhǐ)
4) A：你______________?(地址)

Nánjīng Xī Lù yìqiān líng èrshíwǔ hào.
B：南京西路 1025 号。

Wǎnshang wǒmen________________ba!(Dà Shànghǎi Fàndiàn)
5) A：晚上我们________________吧!(大上海饭店)

Hǎode.
B：好的。

Wǒ xiànzài______, hǎoma?(dìng zuò)
6) A：我现在______,好吗?(订座)

Hǎode.______?(jǐ wèi)
B：好的。______?(几位)

______.(sì)
A：______。(四)

Nǐmen yào______________?(bāofáng dàtáng)
7) A：你们要______________?(包房 大堂)

______.(dàtáng)
B：______。(大堂)

Nǐmen______dào?(jǐ diǎn)
8) A：你们______到?(几点)

______________.(bā diǎn bàn)
B：______________。(八点半)

______?(guì xìng)
9) A：______?(贵姓)

Wǒ______.(Mùcūn)
B：我______。(木村)

7. 根据图画说说木村在做什么。

Explain what Kimura is doing according to the pictures.

図に基づいて、木村さんが何をしているか話しなさい。

Xiànzài ______________.

1） 现 在 ______________。

Mùcūn ______________.

木 村 ______________。

Xiànzài ______________.

2）现 在 ______________。

Mùcūn hé ______________.

木 村 和 ______________。

Xiànzài ______________.

3）现 在 ______________。

Mùcūn ______________.

木 村 ______________。

8. 课堂活动。

Practice in class.

クラスゲーム。

老师准备一些常见菜的中英文及汉语拼音名称，请同学分别扮演以下的人物并对话。

1） 餐厅的服务员和在餐厅点菜的客人

2） 餐厅的服务员和打电话订座的客人

3） 餐厅的服务员和叫外卖的客人

Tīnglì
听力

1. 选出你听到的词。

Listen and choose the correct word you heard.

聞こえた単語を選びなさい。

1) A. xiǎnyào 险要　　B. xiǎng yào 想 要

2) A. kělè 可乐　　B. kě le 渴了

3) A. kěshì 可是　　B. kēshì 科室

4) A. hǎochī 好吃　　B. hǎoshì 好事

5) A. shí diǎn 十 点　　B. sì diǎn 四 点

2. 听句子，选择划线部分的正确答案。

Listen to the sentences and choose the correct answer.

文を聞いて、正しい答えを選びなさい。

1) Wǒmen jīntiān qù chī zhōngcān, ______?
我们今天去吃中餐，______？

A. hǎo ma 好 吗　　B. hǎo mā 好 妈

2) Tā xiǎng yào yí fèn ______.
他想要一份______。

A. wàimǎi 外 买　　B. wàimài 外 卖

3) Nǐmen yígòng ______?
你们一共______？

A. jǐ wèi 几 位　　B. qī wèi 七 位

3. 听对话，选择正确答案。

Listen to the dialogue and choose the correct answer.

会話を聞いて、正しい答えを選びなさい。

Tā xiǎng yào shénme?
1）他 想 要 什 么？

hànbǎo　　　　　　　　　　　　lǜchá
A. 汉 堡　　　　　　　　　　　　B. 绿茶

Mùcūn jǐ diǎn lái?
2）木 村 几 点 来？

shí yī diǎn　　　　　　　　　　shí'èr diǎn
A. 十一 点　　　　　　　　　　　B. 十 二 点

Lǐ Qiáng xǐhuan Shànghǎi ma?
3）李 强 喜 欢 上 海 吗？

hěn xǐhuan　　　　　　　　　　bù xǐhuan
A. 很 喜 欢　　　　　　　　　　B. 不 喜 欢

秀秀老师教汉字

以下是三个口字旁的汉字，口字旁的汉字多和口腔的动作有关。

Characters with the radical 口 refer to mouth.

写汉字
Write Characters

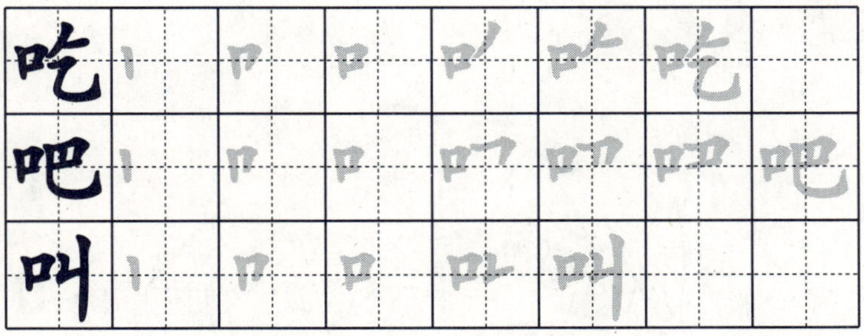

小练习
Exercises

在以下汉字中找出口字旁的汉字。

Find the characters with radical 口.

眼　　睛　　喝　　田　　盯　　叮

Dì-jiǔ Kè　Wǒ zuótiān gǎnmào le

第九课　我昨天感冒了

Unit 9　Yesterday I caught a cold

第九課　私は昨日風邪を引きました

…… le：wǒ xíguàn le.
……了：我习惯了。
…… méi(yǒu) +v. ……
……没（有）+v. ……

kèwén
课文

（一）

Zǎoshang hǎo.
罗杰：早上好。
Zǎoshang hǎo. Zuótiān jiābān, lèi sǐ le.
李强：早上好。昨天加班，累死了。

Shì a！Zhè ge xīngqī hěn máng.
罗杰：是 啊！这 个 星期 很 忙 。

Nǐ chī zǎofàn le ma？
李强：你 吃 早饭 了 吗？

Méiyǒu.
罗杰：没 有 。

Nǐ zǒngshì bù chī zǎofàn，è bu è？
李强：你 总是 不 吃 早饭，饿 不 饿？

Bú è. Wǒ xíguàn le.
罗杰：不 饿。我 习惯 了。

Wǒ è sǐ le，kěshì méiyǒu shíjiān chī zǎofàn.
李强：我 饿 死 了，可是 没有 时间 吃 早饭。

Jīntiān zhōngwǔ wǒ qǐngkè ba.
罗杰：今天 中 午 我 请客 吧。

Hǎo a. Zhōngwǔ wǒ xiǎng chī hànbǎo.
李强：好 啊。中 午 我 想 吃 汉堡。

Méi wèntí.
罗杰：没 问题。

(二)

Zǎoshang hǎo.
罗杰：早 上 好。

Zǎoshang hǎo.
李强：早 上 好。

Zuótiān nǐ bìng le ma?
罗杰：昨 天 你 病 了 吗？

Ài, wǒ zuótiān gǎnmào le.
李强：唉，我 昨 天 感 冒 了。

Gǎnmào le? Yàojǐn ma?
罗杰：感 冒 了？要紧 吗？

Bú yàojǐn.
李强：不 要紧。

Nǐ qù kàn yīshēng le ma?
罗杰：你 去 看 医生 了 吗？

Kàn le.
李强：看 了。

Nǐ de gǎnmào méi hǎo, huíjiā ba.
罗杰：你 的 感冒 没 好，回家 吧。

Bù xíng, wǒ de gōngzuò hěn duō.
李强：不 行，我 的 工 作 很 多。

Wǒ bāng nǐ ba. Nǐ gǎnmào le, hǎohāo xiūxi.
罗杰：我 帮 你 吧。你 感 冒 了，好 好 休息。

Duōxiè le. Wǒ méi shìr.
李强：多 谢 了。我 没 事儿。

Shēngcí 生词 / Vocabulary 単語

1. 加班	jiābān	to work over time	残業
2. 累	lèi	tired	疲れる
3. 死	sǐ	to die; death	死ぬ
……死了	……sǐ le	deadly; extremely	死ぬほど～;非常に～
4. 早饭	zǎofàn	breakfast	朝ご飯
5. 饿	è	hungry	お腹がすいている
6. 没(有)	méi(yǒu)	no; not	ない

7. 习惯	xíguàn	be used to; habit	慣れる
8. 请客	qǐngkè	to invite somebody to dinner; to treat somebody to something	客を招待する；ご馳走する
9. 没问题	méi wèntí	no problem	問題なし
问题	wèntí	question; problem	問題
10. 上班	shàngbān	to go to work	仕事に行く
11. 感冒	gǎnmào	to catch a cold	風邪
12. 要紧	yàojǐn	serious	（病気が）重い；重要である
13. 医生	yīshēng	doctor	医者
看医生	kàn yīshēng	to see a doctor	医者に診てもらう
14. 回	huí	to return	帰る
15. 家	jiā	home; family	家
16. 行	xíng	all right, okay	OK、よし
17. 工作	gōngzuò	job	仕事
18. 帮	bāng	to help	助ける；手伝う
19. 休息	xiūxi	to rest	休む
20. 没事儿	méi shìr	It doesn't matter; nothing serious	大丈夫だ；大した事でない
21. 病	bìng	be ill; disease	病気

课文译文

Text (Translation)

One

Roger　: Good morning!

Li Qiang : Good morning! I worked late yesterday. I am tired to death.

Roger　: Yes. We have been very busy this week.

Li Qiang : Have you had breakfast?

Roger　: No, I haven't.

Li Qiang : You always skip your breakfast. Are you hungry?

Roger　: No, I am not. I'm used to it.

Li Qiang : I am starving to death, but I don't have time for breakfast.

Roger　: Let me treat you to lunch.

Li Qiang : All right. I want to have a hamburger.

Roger : No problem.

Two

Roger : Good morning!

Li Qiang : Good morning!

Roger : Were you sick yesterday?

Li Qiang : Yes. I caught a cold.

Roger : You caught a cold? Is it serious?

Li Qiang : Nothing serious.

Roger : Did you go to the hospital?

Li Qiang : Yes. I have seen a doctor.

Roger : You still look sick. You'd better go home.

Li Qiang : No, I can not. I have a lot of work to do.

Roger : Let me help you with your work. You are sick. You should have a good rest.

Li Qiang : Thanks a lot. I am okay.

本　文

(一)

ロジャー：おはようございます。

李　強：おはようございます。昨日は残業して、死ぬほど疲れました。

ロジャー：そうですね。今週はとても忙しいです。

李　強：朝ご飯は食べましたか。

ロジャー：食べていないです。

李　強：あなたはいつも朝ご飯を食べないですが、お腹はすいていないですか。

ロジャー：すいていないですよ。慣れました。

李　強：私はお腹がとてもすいているんです。でも、朝ご飯を食べる時間はなかったです。

ロジャー：今日のお昼はおごりましょう。

李　強：いいですね。お昼はハンバーガーを食べたいです。

ロジャー：問題ないですよ。

(二)

ロジャー：おはよう。

李　強：おはよう。

ロジャー：昨日は病気でしたか。

李　　強：ええ、昨日は風邪を引きました。
ロジャー：風邪ですか。大丈夫ですか。
李　　強：大丈夫ですよ。
ロジャー：お医者さんに診てもらいましたか。
李　　強：診てもらいました。
ロジャー：風邪はまだ治っていないようなので、家に帰った方がいいよ。
李　　強：出来ないです。仕事がたくさんあるのです。
ロジャー：手伝いましょう。貴方は風邪を引いているのだから、ゆっくり休んでください。
李　　強：いろいろありがとうございました。大丈夫です。

Liànxí
练习

1. 朗读下列词语，注意韵母的发音。

Read the following words and pay attention to finals.

次の単語を母音の読音に注意して読みなたい。

an—ang	ang—an
bānzhǎng	shàngbān
dāndāng	fāng'àn
fánmáng	chàngtán

en—eng	eng—en
bēnténg	zhèngmén
shénshèng	chéngběn
běnnéng	shěngfèn

in—ing	ing—in
jìnxíng	língmǐn
yǐnqíng	bìngyīn
pīnmìng	píngxìn

eng—ong	ong—ong
fènggōng	cōngróng
hēngtōng	yònggōng
téngtòng	zǒngtǒng

2. **替换练习**。

Substitute the words given for the words underlined.

言い換えの練習。

Wǒmen yǒu ________, méiyǒu ________.
1) 我 们 有 ________, 没 有 ________。

zhōngcān 中 餐	xīcān 西餐
xiǎolóngbāo 小 笼 包	hànbǎo 汉 堡
lǜchá 绿茶	kāfēi 咖啡
diànnǎo 电 脑	chē 车
shíjiān 时 间 chīfàn 吃 饭	kòngr 空儿 kàn diànyǐng 看 电 影

______ wǒ ________ le, méiyǒu ________.
2) ______ 我 ________ 了, 没 有 ________。

zuótiān 昨 天	gǎnmào 感 冒	shàngbān 上 班
qiántiān 前 天	bìng 病	qù xuéxiào 去 学 校
shàng ge xīngqītiān 上 个 星期天	jiābān 加班	kàn diànyǐng 看 电 影
shàng ge yuè 上 个 月	huíguó 回 国	qù Shànghǎi 去 上 海 chūchāi 出 差

3. 仿照例句变换句型。

Rewrite the following sentences.

文を完成しなさい。

Lì: Wǒ chī zǎofàn.
例：我 吃 早 饭。

Jīntiān wǒ chī le zǎofàn.
今天 我 吃 了 早 饭。

Zuótiān wǒ méi chī zǎofàn, jīntiān wǒ chī zǎofàn le.
昨天 我 没 吃 早 饭，今天 我 吃 早 饭 了。

Wǒ hē kāfēi.
1）我 喝 咖啡。

Jīntiān zǎoshang ____________________.
今天 早 上 ____________________。

Zuótiān zǎoshang ____________________, jīntiān zǎoshang ____________________.
昨天 早 上 ____________________，今天 早 上 ____________________。

Tā yào hànbǎo hé kělè.
2）他 要 汉 堡 和 可乐。

Zuótiān zhōngwǔ ____________________.
昨天 中 午 ____________________。

Zuótiān zǎoshang ____________________, zuótiān zhōngwǔ ____________________.
昨天 早 上 ____________________，昨天 中 午 ____________________。

Wǒmen qù Shìjì Gōngyuán.
3）我 们 去 世纪 公 园。

Zuótiān ____________________.
昨天 ____________________。

Qiántiān ____________________, zuótiān ____________________.
前天 ____________________，昨天 ____________________。

Tāmen yìqǐ qù Yù Yuán.
4）他 们 一起 去 豫 园。

Shàng ge xīngqītiān ____________________.
上 个 星期天 ____________________。

Shàng ge xīngqīliù ____________________, shàng ge xīngqītiān ____________________.
上 个 星期六 ____________________，上 个 星期天 ____________________。

Lǐ Qiáng kàn yīshēng.
5）李 强 看 医生。

Zuótiān ____________________.
昨天 ____________________。

Qiántiān ____________, zuótiān ____________.
前 天 ____________，昨 天 ____________。

Lǐ Qiáng qù kàn yīshēng.
6）李 强 去 看 医 生 。

Zhè ge yuè ____________.
这 个 月 ____________。

Shàng ge yuè ____________, zhè ge yuè ____________.
上 个 月 ____________，这 个 月 ____________。

4. 用"没(有)……"回答下列问题。

Answer the following questions using 'méi(yǒu)...'.

「没(有)……」を使って、次の質問に答えなさい。

Nǐ chīfàn le ma?
例：A：你 吃 饭 了 吗？
Wǒ méi chīfàn.
B：我 没 吃 饭。

Nǐ zuótiān gǎnmào le ma?
1）A：你 昨 天 感 冒 了 吗？
Wǒ ____________.
B：我 ____________。

Nǐ chī zǎofàn le ma?
2）A：你 吃 早 饭 了 吗？
Wǒ ____________.
B：我 ____________。

Nǐ qù Rìběnrén Xuéxiào le ma?
3）A：你 去 日 本 人 学 校 了 吗？
Wǒ ____________.
B：我 ____________。

Nǐ shàng ge xīngqī chūchāi le ma?
4）A：你 上 个 星 期 出 差 了 吗？
Wǒ ____________.
B：我 ____________。

Nǐ bìng hǎo le ma?
5）A：你 病 好 了 吗？
Wǒ ____________.
B：我 ____________。

Nǐ yǒu shìr ma?
6）A：你 有 事儿 吗？

Wǒ ____________.

B：我 ____________。

5. **用"太……了"和"……死了"回答问题。**

Answer the following questions, using 'tài… le' **and** '… sǐ le'.

「太……了」と「……死了」を使って、質問に答えなさい。

Zuótiān jiābān, lèi ma?

例：昨天加班，累吗？

Zuótiān jiābān, tài lèi le.

昨天加班，太累了。

Zuótiān jiābān, lèi sǐ le.

昨天加班，累死了。

Xīngqītiān jiābān, lèi ma?

1）星期天加班，累吗？

______________________________.

______________________________。

Měitiān wǎnshang jiǔ diǎn xiàbān, nǐ lèi bu lèi?

2）每天晚上九点下班，你累不累？

______________________________.

______________________________。

Nǐ méi chī zǎofàn, è bu è?

3）你没吃早饭，饿不饿？

______________________________.

______________________________。

Xiànzài zhōngwǔ shí'èr diǎn yí kè le, nǐ è ma?

4）现在中午十二点一刻了，你饿吗？

______________________________.

______________________________。

Jīntiān nǐ máng ma?

5）今天你忙吗？

______________________________.

______________________________。

Lǐ Qiáng zhè ge yuè máng bu máng?

6）李强这个月忙不忙？

______________________________.

______________________________。

6. 根据图画说说他们在做什么?

Explain what they are doing according to the pictures.

図に基づいて、彼らが何をしているのか話しなさい。

Xiànzài ____________________.
现 在 ____________________。
Mùcūn ____________________.
木 村 ____________________。

Xiànzài ____________________.
现 在 ____________________。
Luójié ____________________.
罗 杰 ____________________。
Lǐ Qiáng ____________________.
李 强 ____________________。

Luójié yào ____________________.
罗 杰 要 ____________________。
Lǐ Qiáng yào ____________________.
李 强 要 ____________________。

Lǐ Qiáng ____________________.
李 强 ____________________。

Xiànzài ____________________.
现 在 ____________________。
Lǐ Qiáng ____________________.
李 强 ____________________。

7. **根据课文完成对话。**

Complete the following dialogues according to the situation provided by the text.

テキストの内容に基づいて、会话を完成しなさい。

Lǐ Qiáng, nǐ hǎo ma?
1）王慧：李 强，你 好 吗？

Wǒ ________ (lèi), wǒ zuótiān wǎnshang ________ (jiābān).
李强：我 ________（累），我 昨 天 晚 上 ________（加班）。

Nǐ zǒngshì hěn máng.
王慧：你 总 是 很 忙。

Wǒ jīntiān zǎofàn yě ________ (chī).
李强：我 今天 早 饭 也 ________（吃）。

È bu è?
王慧：饿 不 饿？

________ (è), kěshì wǒ méi kòng chī.
李强：________（饿），可是 我 没 空 吃。

Nà wǒ zhōngwǔ ________ ba. (qǐngkè)
王慧：那 我 中 午 ________ 吧。（请客）

Hǎo a, wǒ ________ Màidāngláo. (chī)
李强：好 啊，我 ________ 麦 当 劳。（吃）

Luójié, nǐ hǎo ma?
2）琳达：罗 杰，你 好 吗？

Wǒ ________. (gǎnmào)
罗杰：我 ________。（感 冒）

Yàojǐn ma? Yào ________ (yīshēng) ma?
琳达：要 紧 吗？要 ________（医 生）吗？

Bú yàojǐn, wǒ yǐjīng ________ yīshēng. (kàn)
罗杰：不 要 紧，我 已 经（already）________ 医 生。（看）

Nà nǐ jīntiān ________ ba. (xiūxi)
琳达：那 你 今天 ________ 吧。（休息）

Bù xíng, wǒ yǒu hěn duō ________. (gōngzuò)
罗杰：不 行，我 有 很 多 ________。（工 作）

Wǒ bāng nǐ hǎo ma?
琳达：我 帮 你 好 吗？

Xièxie, wǒ ________. (méishìr)
罗杰：谢 谢，我 ________。（没事儿）

8. 将下列中文翻译成英语或日语。

Translate the following sentences into English.

次の中国語を日本語に訳しなさい。

Wǒ lèi le , wǒ yào xiūxi .
1) 我 累 了，我 要 休息。

____

Jīntiān wǒ qǐngkè .
2) 今 天 我 请 客。

____

Wǒ è sǐ le , kěshì méiyǒu shíjiān chīfàn.
3) 我 饿 死 了，可是 没 有 时 间 吃 饭。

____

Wǒ zuótiān gǎnmào le , méiyǒu shàngbān.
4) 我 昨 天 感 冒 了，没 有 上 班。

____

Nǐ de gǎnmào méi hǎo , huíjiā hǎohāo xiūxi ba .
5) 你 的 感 冒 没 好，回家 好 好 休息 吧。

____

Wǒ méi shìr .
6) 我 没 事儿。

____

9. 课堂活动。

Practice in class.

クラスゲーム。

请将同学分为两人一组，根据下面的主题进行对话，以对话时间长者为胜。

1. 请客和订座　　　　2. 在餐厅点菜

3. 叫外卖　　　　　　4. 我感冒了

Tīnglì 听力

1. 选择听到的词。

Listen and choose the word you heard.

聞こえた単語を選びなさい。

jiābān / jiābǎn / zhàobān
1）A. 加班　B. 夹板　C. 照搬

qiúxīn / xiūxi / yóuxì
2）A. 球心　B. 休息　C. 游戏

yàozhǐ / yàojǐn / yōujìn
3）A. 要旨　B. 要紧　C. 幽禁

è / ò / ā
4）A. 饿　B. 哦　C. 啊

rénshēn / yīshēng / yìshēng
5）A. 人参　B. 医生　C. 一生

2. 选择你听到的句子。

Listen and choose the sentence you heard.

聞こえた文を選びなさい。

Māma de yīshēng lái le. / Māma de yīshēng lèi le.
1）A. 妈妈的医生来了。　B. 妈妈的医生累了。

Zuótiān tā zài zhèli qǐngkè. / Qiántiān tā zài jiā lǐ qǐngkè.
2）A. 昨天他在这里请客。　B. 前天他在家里请客。

Wǒ tiāntiān zài jiā xuéxí. / Wǒ tiāntiān zài jiā xiūxi.
3）A. 我天天在家学习。　B. 我天天在家休息。

3. 听对话，选择正确答案。

Listen to the dialogues and choose the correct answer.

会話を聞いて、正しい答えを選びなさい。

Luójié lèi ma?
1）罗杰累吗？

bú lèi / hěn lèi
A. 不累　B. 很累

Mùcūn zuótiān wǎnshang qù nǎli le?
2）木村昨天晚上去哪里了？

huíjiā / zài gōngsī
A. 回家　B. 在公司

Mǎlì jīntiān shàngbān le ma?
3）玛丽今天上班了吗？

shìde / méiyǒu
A. 是的　B. 没有

秀秀老师教汉字

以下是三个言字旁（讠）的汉字。言字旁的汉字多和语言、知识有关。

Characters with radical 讠 refer to language or knowledge.

写汉字

Write Characters

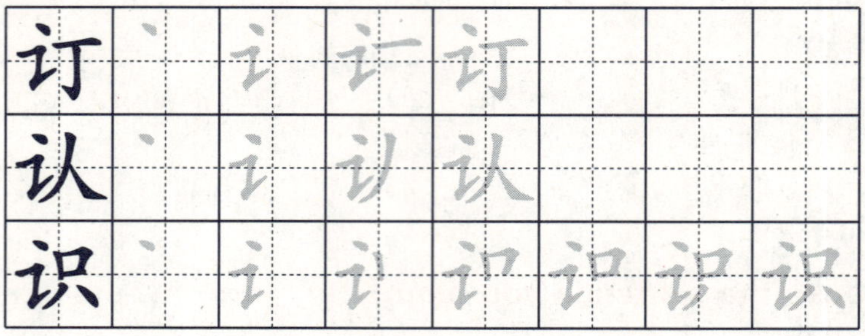

小练习

Exercises

请在我们学过的汉字中，找出一个言字旁（讠）的汉字。

Find the characters with radical 讠 from the words you have learned.

Dì-shí Kè　Nǐ bāng wǒ xǐ，hǎo ma?
第十课　你帮我洗，好吗？

Unit 10　Can you help me wash this?

第十課　洗ってもらって、いいですか

…… bāng ……
…… 帮 ……

kèwén 课文

(一)

Mùcūn tàitai，zǎoshang hǎo！
阿姨：木村太太，早上好！

Zǎoshang hǎo！Nǐ chī zǎofàn le ma？
典子：早上好！你吃早饭了吗？

Wǒ chī le，nín chī le ma？
阿姨：我吃了，您吃了吗？

Wǒ yě chī le.
典子：我也吃了。

Wǎn xǐ le ma？
阿姨：碗洗了吗？

Xǐ le，kěshì yīfu méi xǐ，nǐ bāng wǒ xǐ，hǎo ma？
典子：洗了，可是衣服没洗，你帮我洗，好吗？

Hǎo. Yīfu zài nǎr?
阿姨：好。衣服在哪儿？

Zài wèishēngjiān.
典子：在卫生间。

Wǒ zhīdao le. Zhèli de yīfu gānjìng ma?
阿姨：我知道了。这里的衣服干净吗？

Āiyā, bù gānjìng. Xìngzhì zuótiān bìng le, tā ǒutù le, bù hǎo yìsi.
典子：哎呀，不干净。幸治昨天病了，他呕吐了，不好意思。

Méi guānxi. Jīntiān háizi de bìng hǎo le ma?
阿姨：没关系。今天孩子的病好了吗？

Yǐjing hǎo le. Xièxie!
典子：已经好了。谢谢！

Búyòng xiè, wǒ qù xǐ yīfu le.
阿姨：不用谢，我去洗衣服了。

Hǎo. Xīnkǔ le.
典子：好。辛苦了。

(二)

Yīfu xǐ le. Jīntiān yào zuò wǔfàn ma?
阿姨：衣服洗了。今天要做午饭吗？

Búyòng le . Wǒ yǐjing jiào wàimài le . Nǐ bāng wǒ qù chāoshì mǎi yìdiǎnr dōngxi, hǎo ma?

典子：不用了。我已经叫外卖了。你帮我去超市买一点儿东西，好吗？

Hǎode . Nín yào mǎi shénme?

阿姨：好的。您要买什么？

Mǎi miànbāo、jīdàn、kāfēi hé niúnǎi.

典子：买面包、鸡蛋、咖啡和牛奶。

Hǎode .

阿姨：好的。

……

Niúnǎi méiyǒu le, wǒ mǎi le suānnǎi . Zhè shì fāpiào hé qīshíbā kuài qián .

阿姨：牛奶没有了，我买了酸奶。这是发票和 78 块钱。

Xièxie nǐ . Nǐ xīnkǔ le .

典子：谢谢你。你辛苦了。

Nǐ tài kèqi le, wǒ bú lèi . Hái yǒu biéde shìqing ma?

阿姨：你太客气了，我不累。还有别的事情吗？

Méiyǒu le . Míngtiān nǐ jǐ diǎn lái?

典子：没有了。明天你几点来？

Zǎoshang jiǔ diǎn, kěyǐ ma?

阿姨：早上 9 点，可以吗？

Kěyǐ . Xièxie .

典子：可以。谢谢。

Shēngcí 生词　Vocabulary 単語

1. 洗	xǐ	to wash	洗う
2. 衣服	yīfu	clothes	服
3. 卫生间	wèishēngjiān	bathroom, toilet	浴室、トイレ

4. 知道	zhīdao	to know	わかる、知っている
5. 干净	gānjìng	clean	きれいである
6. 呕吐	ǒutù	to vomit	吐く
7. 不好意思	bù hǎo yìsi	embarrassed; shy	すまない
8. 已经	yǐjing	already	もう
9. 用	yòng	to use, to need	使う
10. 辛苦	xīnkǔ	to work hard; to go through hardships	苦労する、苦労をかける
11. 午饭	wǔfàn	lunch	昼ご飯
12. 超市	chāoshì	supermarket	スーパー
13. 一点儿	yìdiǎnr	a little; a bit	ちょっと;少し
14. 面包	miànbāo	bread	パン
15. 鸡蛋	jīdàn	(chicken) egg	卵
16. 牛奶	niúnǎi	milk	牛乳
17. 酸奶	suānnǎi	yogurt	ヨーグルト
18. 别的	biéde	other	ほかの、别の
19. 事情	shìqing	thing; matter	こと、事柄
20. 要	yào	need; ask for	要求

课文译文

Text (Translation)

One

Matron: Good morning, Mrs. Kimura!

Noriko: Good morning! Have you had breakfast?

Matron: Yes, I have, how about you?

Noriko: I have, too.

Matron: Did you wash the dishes?

Noriko: Yes, I did. But I haven't washed the clothes. Can you help me to wash them?

Matron: Okay. Where are they?

Noriko: In the bathroom.

Matron: I see. Are these clothes clean?

Noriko: Oh, no. Kouji was sick yesterday, and he vomited. I'm sorry.

Matron: It's ok. Is he better today?

Noriko: He is better now. Thank you.

Matron：Don't mention it. I'll go to wash the clothes now.

Noriko：All right. Thank you!

Two

Matron：The clothes are washed. Should I make lunch?

Noriko：No, no need. I have already called for some home delivery. Can you go to the supermarket and buy something for me?

Matron：Sure. What do you want me to buy?

Noriko：I want some bread, eggs, coffee and milk.

Matron：Okay.

……

Matron：Milk was sold out, I bought some yogurt. Here is the receipt and 78 yuan.

Noriko：Thanks for the trouble.

Matron：You are welcome. I am not tired. Is there anything else you want me to do?

Noriko：No, that's all. When will you be here tomorrow?

Matron：9 in the morning, is that okay?

Noriko：Okay. Thank you!

本　文

(一)

お手伝いさん：奥様、おはようございます。

典　　　　子：おはようございます。朝ご飯は食べましたか。

お手伝いさん：食べました。奥様は？

典　　　　子：私も食べました。

お手伝いさん：お茶碗は洗いましたか。

典　　　　子：洗いました。でも洗濯はまだです。洗ってもらっていいですか。

お手伝いさん：はい。服はどこにありますか。

典　　　　子：浴室にあります。

お手伝いさん：わかりました。ここの服はきれいですか。

典　　　　子：あら、きれいではないです。幸治は昨日病気になって、吐いてしまいました。すみません。

お手伝いさん：大丈夫です。今日彼はよくなりましたか。

典　　　　子：もうよくなりました。ありがとう。

お手伝いさん：いいえ。服を洗いに行きます。

典　　子：はい、ご苦労様です。

(二)

お手伝いさん：服は洗いました。今日は昼ご飯を作りますか。
典　　子：要らないです。私はもう出前を頼みました。スーパーへ行って、少しものを買ってきてもらって、いいですか。
お手伝いさん：分かりました。何を買ってきましょうか。
典　　子：パン、卵、コーヒー、牛乳をお願いします。
お手伝いさん：分かりました。
……
お手伝いさん：牛乳は売り切れてしまたので、ヨーグルトを買いました。これはレシートと78元です。
典　　子：ありがとう。ご苦労様でした。
お手伝いさん：どういたしまして。私は疲れていないです。ほかに何かありますか。
典　　子：ありません。明日は何時に来てもらえますか。
お手伝いさん：朝九時でよろしいですか。
典　　子：いいです。ありがとう。

Liànxí
练习

1. 朗读下列句子，注意发音。

Read the following sentences and pay attention to your pronunciation.

次の文を読んで、発音に気をつけなさい。

Luójié hé Lǐ Qiáng dōu shì diànnǎo gōngchéngshī, tāmen shì hǎo péngyou.
1) 罗杰和李强都是电脑工程师，他们是好朋友。

Luójié de nǚpéngyou jiào Líndá, tā shì Fǎguórén.
2) 罗杰的女朋友叫琳达，她是法国人。

Lǐ Qiáng de nǚpéngyou jiào Wáng Huì, zài Rìběn gōngsī gōngzuò. Tā de lǎobǎn shì Mùcūn Yīláng.
3) 李强的女朋友叫王慧，在日本公司工作。她的老板是木村一郎。

Mùcūn Yīláng shì Rìběnrén, zài Zhōngguó gōngzuò. Tā de qīzi hé liǎng ge háizi dōu zài Zhōngguó. Tā de qīzi jiào Mùcūn Diǎnzǐ.
4) 木村一郎是日本人，在中国工作。他的妻子和两个孩子都在中国。他的妻子叫木村典子。

2. 用句型"帮……"以及括号中的提示完成句子。 帮+sb+do sth.

Complete the following sentences using 'bāng…' and the words given.

「帮……」を使って、カッコの中の内容で文を完成しなさい。

Luójié, wǒ gǎnmào le, nǐ ________, hǎo ma?（qǐngjià）
1）李强：罗杰，我感冒了，你________，好吗？（请假 ask for leave）

Āyí, nǐ dào chāoshì ________ diǎn chéngzi, hǎo ma?（mǎi）
2）琳达：阿姨，你到超市________点橙子，好吗？（买）

Yā, shí'èr diǎn le! Wáng Huì, nǐ ____________, hǎo ma?（jiào wàimài）
3）木村：呀，十二点了！王慧，你____________，好吗？（叫外卖）

Lǐ Qiáng, nǐ ________ yì jiān bāofáng, hǎo ma?（dìng）
4）罗杰：李强，你________一间包房，好吗？（订）

Luójié, nǐ ________ yíxià Lǐ Qiáng, hǎo ma?（zhǎo）
5）王慧：罗杰，你________一下李强，好吗？（找）

Yīláng, wǒ lèi sǐ le. Jīntiān nǐ ________, hǎo ma?（zuòfàn）
6）典子：一郎，我累死了。今天你________，好吗？（做饭）

3. 看图填空。

Fill in the blank according to the pictures.

図に基づいて、文を完成しなさい。

1）典子的一天　　One day of Noriko's　　典子の一日

Zǎoshang ________.
早上 七点典子吃早饭。

Shàngwǔ ________.
上午 9:30 洗衣服。

Zhōngwǔ ________.
中午 做午饭。

Xiàwǔ ________.
下午 去超市买东西。

Wǎnshang ________.
晚上 和木村一郎一起看电影

2）木村家的一个星期

Kimuras' schedule for the week

木村家の一週間

4.26 xīngqīyī 星期一	4.27 xīngqī'èr 星期二	4.28 xīngqīsān 星期三	4.29 xīngqīsì 星期四	4.30 xīngqīwǔ 星期五	5.1 xīngqīliù 星期六	5.2 xīngqīrì 星期日
木村南帆、木村幸治去上海日本人学校	木村一郎去兰州出差	木村典子病了，去看医生	木村典子在家休息，木村一郎回家	木村一家去大上海饭店吃西餐	木村一郎在公司加班	木村一家去世纪公园玩

(1) ____yuè____hào, xīng qī ______.
____月____号，星期______。
Mùcūn Yīláng qù Lánzhōu chūchāi.
木村一郎去兰州出差。

(2) ____yuè____hào, xīng qī ______.
____月____号，星期______。
Mùcūn Nánfān、Mùcūn Xìngzhì qù Shànghǎi Rìběnrén Xuéxiào.
木村南帆、木村幸治去上海日本人学校。

(3) ____yuè____hào, xīng qī ______.
____月____号，星期______。
Mùcūn Diǎnzǐ zài jiā xiūxi, Mùcūn Yīláng huíjiā.
木村典子在家休息，木村一郎回家。

(4) ____yuè____hào, xīng qī ______.
____月____号，星期______。
Mùcūn Diǎnzǐ bìng le, qù kàn yīshēng.
木村典子病了，去看医生。

(5) ____yuè____hào, xīng qī ______.
____月____号，星期______。
Mùcūn yì jiā qù Dà Shànghǎi Fàndiàn chī xīcān.
木村一家去大上海饭店吃西餐。

(6) ____yuè____hào, xīng qī ______.
____月____号，星期______。
Mùcūn yì jiā qù Shìjì Gōngyuán wán.
木村一家去世纪公园玩。

____yuè____hào, xīng qī ______.
(7) ____月____号，星期______。

Mùcūn Yīláng zài gōngsī jiābān.
木村一郎在公司加班。

4. 仿照例句完成下列句子。

Complete the following sentences according to examples.

例に従って、文を完成しなさい。

Wǒ chī zǎofàn.
例：我吃早饭。

Míngtiān wǒ bù chī zǎofàn.
明天我不吃早饭。

不+V. going to do or not
没+V. have done or not

Míngtiān nǐ chī zǎofàn ma?
明天你吃早饭吗？

Míngtiān nǐ chī bu chī zǎofàn?
明天你吃不吃早饭？

Wǒ hē kāfēi.
1) 我喝咖啡。

Míngtiān____________________.
明天____________________。

Míngtiān____________________?
明天____________________？

Míngtiān____________________?
明天____________________？

Tā jiào wàimài.
2) 他叫外卖。

Míngtiān zhōngwǔ____________________.
明天中午____________________。

Míngtiān zhōngwǔ____________________?
明天中午____________________？

Míngtiān zhōngwǔ____________________?
明天中午____________________？

Diǎnzǐ qù mǎi dōng xi.
3) 典子去买东西。

Hòutiān____________________.
后天____________________。

Hòutiān______________________?
后 天 ______________________?

Hòutiān______________________?
后 天 ______________________?

Wǒmen qù Shìjì Gōngyuán wán.
4) 我 们 去 世纪 公 园 玩 。

Xià ge xīngqī______________________.
下 个 星期 ______________________。

Xià ge xīngqī______________________?
下 个 星期 ______________________?

Xià ge xīngqī______________________?
下 个 星期 ______________________?

Mùcūn Yīláng jiābān.
5) 木 村 一 郎 加 班 。

Zhè ge xīngqītiān______________________.
这 个 星期天 ______________________。

Zhè ge xīngqītiān______________________?
这 个 星期天 ______________________?

Zhè ge xīngqītiān______________________?
这 个 星期天 ______________________?

Luójié huíguó .
6) 罗 杰 回国 。

Xià ge yuè______________________.
下 个 月 ______________________。

Xià ge yuè______________________?
下 个 月 ______________________?

Xià ge yuè______________________?
下 个 月 ______________________?

5. 仿照例句完成下列句子。

Complete the following sentences according to the examples.

例に従って文を完成しなさい。

Wǒ chī zǎofàn.
例：我 吃 早 饭 。

Jīntiān wǒ méi chī zǎofàn.
今 天 我 没 吃 早 饭 。

Jīntiān nǐ chī zǎofàn le ma?
今天 你吃早饭了吗？

Jīntiān nǐ chī méi chī zǎofàn?
今天 你吃没吃早饭？

Wǒ hē kāfēi.
1）我 喝 咖啡。

Zuótiān ______________________.
昨天 ______________________。

Zuótiān ______________________?
昨天 ______________________？

Zuótiān ______________________?
昨天 ______________________？

Tā jiào wàimài.
2）他 叫 外卖。

Zuótiān zhōngwǔ ______________________.
昨天 中午 ______________________。

Zuótiān zhōngwǔ ______________________?
昨天 中午 ______________________？

Zuótiān zhōngwǔ ______________________?
昨天 中午 ______________________？

Diǎnzǐ qù mǎi dōngxi.
3）典子 去 买 东西。

Qiántiān ______________________.
前天 ______________________。

Qiántiān ______________________?
前天 ______________________？

Qiántiān ______________________?
前天 ______________________？

Wǒmen qù Shìjì Gōngyuán wán.
4）我们 去 世纪 公园 玩。

Shàng ge xīngqī ______________________.
上 个 星期 ______________________。

Shàng ge xīngqī ______________________?
上 个 星期 ______________________？

Shàng ge xīngqī ______________________?
上 个 星期 ______________________？

Mùcūn Yīláng jiābān.
5）木村 一郎 加班。

Shàng ge xīngqītiān ______________________.
上 个 星期天 ______________________。

Shàng ge xīngqītiān ______________________?
上 个 星期天 ______________________?

Shàng ge xīngqītiān ______________________?
上 个 星期天 ______________________?

Luójié huíguó .
6）罗杰 回国 。

Shàng ge yuè ______________________.
上 个 月 ______________________。

Shàng ge yuè ______________________?
上 个 月 ______________________?

Shàng ge yuè ______________________?
上 个 月 ______________________?

6. 仿照例句变换句型。

Rewrite the following sentences.

例に従って文を書き換えなさい。

Nǐ bāng wǒ xǐ .
例：你 帮 我 洗。

Nǐ bāng wǒ xǐ, hǎo ma?
你 帮 我 洗，好 吗？

Nǐ bāng wǒ xǐ, kěyǐ ma?
你 帮 我 洗，可以 吗？

Nǐ bāng wǒ xǐ, xíng ma?
你 帮 我 洗，行 吗？

Nǐmen bāng tā qù mǎi yìdiǎnr dōngxi.
1）你们 帮 他 去 买 一点儿 东西 。

______________________________，__________?

______________________________，__________?

______________________________，__________?

Wǒ míngtiān shàngwǔ shí diǎn lái gōngsī .
2）我 明天 上午 十 点 来 公司。

________________，________？

________________，________？

________________，________？

Wǎnshang qù Màidāngláo chī hànbǎo.

3）晚上去麦当劳吃汉堡。

________________，________？

________________，________？

________________，________？

Jīntiān chī zhájiàngmiàn, míngtiān chī Lánzhōu lāmiàn.

4）今天吃炸酱面，明天吃兰州拉面。

________，________，________？

________，________，________？

________，________，________？

7. 根据划线部分提问。

Ask questions about the underlined words.

下線部の内容に基づいて疑問文を作りなさい。

Yīfu zài wèishēngjiān.

例：衣服在卫生间。

Yī fu zài nǎr？

衣服在哪儿？

Wǒ xìng Mùcūn.

1）我姓木村。

什么________________

Wǒmen yígòng sì ge rén.

2）我们一共四个人。

几（多少）________________

Wǒ yào liǎng kè xiǎolóngbāo、yì bēi lǜchá.

3）我要两客小笼包、一杯绿茶。

什么________________

Liǎng kè xiǎolóngbāo、yì bēi lǜchá yí gòng shíwǔ kuài qián.

4）两客小笼包、一杯绿茶一共十五块钱。

多少钱？________________

Wǒmen zhōngwǔ shí'èr diǎn sān kè zuǒyòu zài fàndiàn ménkǒu jiànmiàn.
5) 我们 中午十二点三刻左右在饭店门口见面。

几点在哪里

8. 用下列词语填空。

Fill in the blank with the words given.

適切な単語を選んで文を完成しなさい。

yào 要	xiǎng 想	kěyǐ 可以

Xīngqītiān nǐ ______ qù nǎli, Yù Yuán háishi Shìjì Gōngyuán?
罗杰：星期天你 想 去哪里，豫园还是世纪公园？

Wǒ Xīngqītiān ______ jiābān. Nǐ ne?
李强：我星期天 要 加班。你呢（and you）？

Wǒ ______ qù Shìjì Gōngyuán, kěshì Líndá ______ qù Yù Yuán chīfàn.
罗杰：我 想 去世纪公园，可是琳达 想 去豫园吃饭。

Nǐmen ______ zhè ge xīngqī qù Yù Yuán, xià ge xīngqī qù Shìjì Gōngyuán.
李强：你们 可以 这个星期去豫园，下个星期去世纪公园。

Hǎo ba.
罗杰：好吧。

……

Wéi, nǐ hǎo. Wǒ xiànzài dìng zuò, ______ ma?
罗杰：喂，你好。我现在订座， 可以 吗？

______. Qǐngwèn, nín ______ bāofáng háishi ______ dàtáng?
服务员： 可以 。请问，您 要 包房还是 要 大堂？

Wǒ ______ bāofáng ba.
罗杰：我 要 包房吧。

……

Yù Yuán dào le. Qǐng tíng zài qiánmian de lùkǒu.
罗杰：豫园到了。请停在前面的路口。

Duìbuqǐ, lùkǒu bù ______ tíng chē. Tíng zài zhèli, ______ ma?
司机：对不起，路口不 可以 停车。停在这里， 可以 吗？

______. Wǒ ______ fāpiào.
罗杰： 可以 。我 要 发票。

……

Qǐngwèn, nǐmen ______ shénme?
服务员：请问，你们 __要__ 什么？

Wǒ ______ chī xiǎolóngbāo.
琳　达：我 __想__ 吃小笼包。

Wǒ yě ______ chī xiǎolóngbāo. Xiǎojiě, wǒmen ______ liǎng kè xiǎolóngbāo.
罗　杰：我也 __想__ 吃小笼包。小姐，我们 __要__ 两客小笼包。

Hǎode. Nǐmen ______ chéngzhī ma?
服务员：好的。你们 __要__ 橙汁吗？

Zhèli de lǜchá hěn hǎohē. Wǒ ______ hē lǜchá.
琳　达：这里的绿茶很好喝。我 __想__ 喝绿茶。

Hǎo ba. Wǒmen ______ liǎng kè xiǎolóngbāo、liǎng bēi lǜchá.
罗　杰：好吧。我们 __要__ 两客小笼包、两杯绿茶。

9. 请阅读以下短文并填空。

Read the following passage and fill in the blanks.

次の短文を読んで、以下の文を完成しなさい。

Dàjiā hǎo! Wǒ jiào Bǎoluó. Wǒ shì Měiguórén. Wǒ shì gōngchéngshī. Wǒ de jiā zài Shànghǎi. Wǒ de tàitai hé liǎng ge érzi yě zài Shànghǎi. Wǒ de gōngsī zài Nánjīng Lù. Wǒ de mìshū shì Zhōngguórén. Wǒ hěn máng, jīngcháng jiābān hé chūchāi. Wǒ de tàitai hé érzi bù xǐhuan wǒ jiābān, yě bù xǐhuan wǒ chūchāi, tāmen xǐhuan hé wǒ yìqǐ wánr. Kěshì, wǒ zǒngshì méiyǒu shíjiān.

大家好！我叫保罗。我是美国人。我是工程师。我的家在上海。我的太太和两个儿子也在上海。我的公司在南京路。我的秘书是中国人。我很忙，经常加班和出差。我的太太和儿子不喜欢我加班，也不喜欢我出差，他们喜欢和我一起玩儿。可是，我总是没有时间。

Wǒ xǐhuan chī zhōngcān, wǒ de tàitai xǐhuan qù chāoshì mǎi dōngxi, wǒ de érzi xǐhuan kàn diànyǐng、chī Màidāngláo. Wǒmen jiā yǒu yí wèi āyí. Tā měi tiān zǎoshang shí diǎn lái wǒ jiā. Tā shì Shànghǎirén. Tā bāng wǒ de tàitai xǐ yīfu、xǐ wǎn、zuò fàn hé mǎi dōngxi.

我喜欢吃中餐，我的太太喜欢去超市买东西，我的儿子喜欢看电影、吃麦当劳。我们家有一位阿姨。她每天早上10点来我家。她是上海人。她帮我的太太洗衣服、洗碗、做饭和买东西。

Āiyā! Jiǔ diǎn le, bù hǎo yìsi, wǒ yào huíjiā le. Zàijiàn!
哎呀!9 点了,不好意思,我要回家了。再见!

Bǎoluó shì________guórén. Bǎoluó de āyí shì________rén.
1) 保罗是________国人。保罗的阿姨是________人。

Bǎoluó xǐhuan________, Bǎoluó de tàitai bù xǐhuan____________.
2) 保罗喜欢________,保罗的太太不喜欢____________。

Bǎoluó de āyí bāng Bǎoluó de tàitai____________.
3) 保罗的阿姨帮保罗的太太____________。

10. 请任选一题,写一篇100字左右的短文。

Write a short essay on one of the following topics.

次からテーマを一つ選んで、100字前後の短文を作りなさい。

Wǒ de jiā
我的家

Wǒ de yì tiān
我的一天

Wǒ de gōngzuò
我的工作

Wǒ jiā de āyí
我家的阿姨

Wǒ xǐhuan……
我喜欢……

Zài Shànghǎi mǎi dōngxi
在上海买东西

Tīnglì
听力

1. 选择听到的音节。

Listen and choose the correct syllable.

聞こえた音節を選びなさい。

1) A. 男 (nán)　B. 蓝 (lán)　2) A. 郎 (láng)　B. 粮 (liáng)

3) A. 引 (yǐn)　B. 影 (yǐng)　4) A. 井 (jǐng)　B. 请 (qǐng)

shuài　　B. shuí　　6）A. shuǐ　　B. shuì
5）A. 帅　　B. 谁　　6）A. 水　　B. 睡

2. 听录音，完成句子。

Listen to the tape and choose the correct answers.

録音を聞いて、文を完成しなさい。

Wáng Huì jiā de wèishēngjiān zhēn ________ jìng.
1）王 慧 家 的 卫 生 间 真 ________ 净。

gān　　gāo　　kě
A. 干　　B. 高　　C. 可

Wǒ méiyǒu biéde ________ le, xièxie nǐ!
2）我 没 有 别 的 ________ 了，谢 谢 你！

sì　　shì　　shí
A. 四　　B. 事　　C. 十

Tā de māma tài ________ le.
3）他 的 妈 妈 太 ________ 了。

xíguàn　　xīnkǔ　　xǐhuan
A. 习 惯　　B. 辛 苦　　C. 喜 欢

3. 听对话，选择正确答案。

Listen to the tape and choose the correct answers.

会話を聞いて、正しい答えを選びなさい。

Xiànzài jǐ diǎn?
1）现 在 几 点？

A. 9:00　　B. 8:00

Bàba míngtiān qǐngkè ma?
2）爸爸 明 天 请 客 吗？

bù qǐngkè　　qǐngkè
A. 不 请 客　　B. 请 客

Hòutiān shì xīngqī jǐ?
3）后 天 是 星 期 几？

xīngqīsān　　xīngqīliù
A. 星期三　　B. 星期六

秀秀老师教汉字

以下是以三点水(氵)为偏旁的汉字。三点水旁的汉字多和水等液体有关。

Characters with radical 氵 refer to water or liquid.

写汉字

Write Characters

汁	丶	冫	氵	氵一	汁				
没	丶	冫	氵	氵丿	氵几	氵殳	没		
洗	丶	冫	氵	氵丿	氵𠂉	氵𠂉丨	氵生	氵先	洗

小练习

Exercises

在以下汉字中找出三点水旁(氵)的汉字。

Find the characters with radical 氵.

订　淡　冰　水　清

答　案

练习答案

Key to exercise

練習答案

第一课

3. 李强，你好。　　谢谢你。

对不起。　　再见。

第二课

3. 1）秘书　　2）学生

3）罗杰　电脑工程师　　4）电脑工程师　同事

5）老板　秘书

5. 1）你叫李强，他也叫李强。
你不叫李强，他也不叫李强。

2）我们是秘书，她们也是秘书。
我们不是秘书，她们也不是秘书。

3）我高兴，你也高兴。
我不高兴，你也不高兴。

4）李强是工程师，罗杰也是工程师。
李强不是工程师，罗杰也不是工程师。

5）我是美国人，他也是美国人。
我不是美国人，他也不是美国人。

6. 你好　中国人　我也是　是你的秘书吗

她是中国人　老板　叫　你的　很高兴认识你

第三课

2. 1）是　叫　叫　是　　2）叫　叫　是

3）叫　不叫　叫　　4）是　不是　是

5）有　有　　6）没有

7）有　　8）没有

9）要　　10）不要

11）要　　12）不要

4. 1）我也是电脑工程师。　　2）我也要一杯橙汁。

3）我也要买两斤青菜。　　4）也很好。

5.2）7　19　74　200　502　2108　6035　17424

6.1）（一杯）咖啡　我要（一杯）　2）好吗　我要　多少钱

3）什么　我要　多少钱

第四课

2.1）有　有　2）要　要

3）没有　要　4）要　有　没有　要　不要　要

4.1）在日立公司　2）不在上海日本人学校

3）不在饭店　4）在学校门口

5.1）我们三点在饭店吃饭，好吗？

2）我们明天下午去学校，好吗？

3）你后天上午去日立公司，好吗？

4）我们今天晚上在公司门口见面，好吗？

5）我们买三斤青菜，好吗？

6）我要一杯咖啡，好吗？

6.1）早上六点半　2）上午十点一刻

3）中午十二点　4）下午三点十分

5）晚上七点三刻　6）晚上十一点

7.1）我下午五点下班。

2）我上午九点上班。

3）我们中午十一点十五分见面。

4）我们晚上七点四十五分吃饭。

5）他们晚上六点五十五分去日本人学校。

8.1）木村早上七点吃饭。

2）木村（或他）早上八点半去日立公司。

3）典子早上十点买青菜和西红柿。

4）木村下午六点下班。

5）木村和典子晚上八点三刻在日本人学校见面。

9.1）忙吗　不忙　有时间吗　有

一起喝咖啡　好　几点见面

在饭店见面　一起去学校

我没有时间　几点下班

在学校门口见面

第五课

2. 1）罗杰和琳达去电影院。
罗杰和琳达去电影院看电影。
罗杰和琳达在电影院看电影。

2）木村和太太去饭店。
木村和太太去饭店吃饭。
木村和太太在饭店吃饭。

3）南帆和幸治去公园。
南帆和幸治去公园玩。
南帆和幸治在公园玩。

4）王慧和李强去电影院门口。
王慧和李强去电影院门口见面。
王慧和李强在电影院门口见面。

3. 1）罗杰不在学校门口。
罗杰在学校门口吗？
罗杰在不在学校门口？

2）今天晚上他们不去饭店吃饭。
今天晚上他们去饭店吃饭吗？
今天晚上他们去不去饭店吃饭？

3）我们下个星期不去公园。
你们下个星期去公园吗？
你们下个星期去不去公园？

4）王慧不是老板的秘书。
王慧是老板的秘书吗？
王慧是不是老板的秘书？

5）我不忙。
你忙吗？
你忙不忙？

6）木村一郎下个月不忙。
木村一郎下个月忙吗？
木村一郎下个月忙不忙？

7）我星期六没有时间。
你星期六有时间吗？
你星期六有没有时间？

4. 1）你有没有时间？
2）爸爸总是没有空儿。
3）我明天下午三点去看电影。
4）下个星期我去学校。
5）我们去世纪公园玩，好不好？

5. 1）今天星期四。
2）后天星期六。
3）这个月五号星期六。
4）这个月二十号星期日。
5）这个星期四三号。
6）下个星期天十三号。
7）五月二十九号星期二。
8）出差
9）星期三
10）下午　日本人学校
11）星期五晚上
12）去世纪公园

6. 1）我们去世纪公园
我们去玩

2）王慧和李强今天晚上去电影院
他们去看电影

3）木村一郎下个星期去中国
他去中国出差

4）罗杰在学校门口
他在学校门口等我

5）王慧和李强在饭店
他们在饭店见面

6）木村一郎在公司
他在公司上班

7.1）等一下儿　2）忙吗　3）去吃饭　4）几点
5）我没有空儿

第六课

3.1）世纪公园不在浦东。
世纪公园在浦东吗？

2）我们不去和平电影院。
我们/你们去和平电影院吗？

3）琳达不想去豫园。
琳达想去豫园吗？

4）木村一郎不要发票。
木村一郎要发票吗？

5）前面的路口不可以停车。
前面的路口可以停车吗？

6）这不叫青菜。
这叫青菜吗？

7）我不姓王。
你/您姓王吗？

8）我们没有橙汁。
我们/你们有橙汁吗？

4.1）和平电影院在哪里？　2）我们/你们在哪里见？
3）琳达想去哪里吃饭？　4）哪里不可以停车？
5）这叫什么？　6）您贵姓？
7）您买几斤西红柿？　8）你买什么？
9）一斤青菜和一斤西红柿一共多少钱？　10）现在几点？
11）今天几月几号？星期几？　12）我们/你们几点在哪里见面？

5.1）我们去世纪公园了。　2）他们一起去豫园了。
3）李强和王慧一起看电影了。　4）木村一郎出差了。

7.1）在豫园　2）在福佑路
3）在和平电影院　4）在西藏路、福州路路口
5）停在西藏路

8.1）在哪里　路口　到了　多少钱　我要发票
2）去哪里　停在这里　门口　（公园）门口

第七课

3.1）我们去吃饺子，好吗？
我们去吃饺子，好不好？
我们去吃饺子吧。

2）我们喝橙汁，好吗？
我们喝橙汁，好不好？
我们喝橙汁吧。

3）今天吃炸酱面，明天吃兰州拉面，好吗？
今天吃炸酱面，明天吃兰州拉面，好不好？
今天吃炸酱面，明天吃兰州拉面吧。
4）我们要一客小笼包，两碗炸酱面，好吗？
我们要一客小笼包，两碗炸酱面，好不好？
我们要一客小笼包，两碗炸酱面吧。
5）我们晚上一起去看电影，好吗？
我们晚上一起去看电影，好不好？
我们晚上一起去看电影吧。
6）星期天我们去世纪公园玩，好吗？
星期天我们去世纪公园玩，好不好？
星期天我们去世纪公园玩吧。

4. 1）很好吃；太好吃了　2）很好吃；太好吃了
3）很好喝；太好喝了　4）很好喝；太好喝了
5）很好玩；太好玩了　6）很好看；太好看了

5. 1）吗；吗；吧；吗；吗；吧；吗；吧
2）杯；斤；客；杯；碗；客；杯；碗；个；斤；碗，个；个/斤；个

6. 这里的咖啡很好喝。
豫园的小笼包太好吃了。
你喜欢吃兰州拉面吗？
这里的绿茶不好喝。

7. 1）吃饭吧
你想吃什么
想吃小笼包　喜欢
喜欢　我想吃炸酱面
吃炸酱面

2）一碗炸酱面　一杯啤酒
一客小笼包　一杯西瓜汁
请等一下儿
买单
一共九十五元

3）要发票
请等一下儿
你的发票

第八课

2. 1）你想吃什么，中餐还是西餐？
2）你叫外卖还是我叫外卖？
3）我们星期天去哪里，世纪公园还是豫园？

4）罗杰吃西瓜还是喝西瓜汁？

5）咖啡好喝还是绿茶好喝？

6）李强叫外卖还是去饭店吃饭？

7）包房贵还是大堂贵？

3.1）你喜欢小笼包还是(喜欢)饺子？　　（你喜欢什么，小笼包还是饺子？）

2）你想吃中餐还是(想吃)西餐？　　（你想吃什么，中餐还是西餐？）

3）你吃西瓜还是喝西瓜汁？　　4）绿茶好喝还是咖啡好喝？

5）罗杰是英国人还是美国人？　　6）你找李强还是(找)罗杰？

7）李强找我还是罗杰找我？　　8）我们/你们去饭店吃饭还是叫外卖？

4.1）你买几斤苹果？　　2）木村要几杯咖啡？

3）现在下午几点？　　4）今天几月几号星期几？

5）一斤青菜和两斤苹果一共几块钱？

5.1）好吃；好吃；好吃；好喝　　2）好玩；好玩；好玩；好看；好看

6.1）叫外卖　　2）什么　汉堡　可乐

3）什么　还是　要大可乐　　4）的地址是哪里

5）去大上海饭店　　6）订座　几位　四位

7）包房还是大堂　(我们)(要)大堂　　8）几点　(我们)八点半(到)

9）您贵姓　姓木村

7. 现在六点半。木村打电话订座。

现在十二点。木村和同事叫外卖。

现在两点十五分。木村在麦当劳买汉堡。

第九课

3.1）我喝了咖啡；我没喝咖啡；我喝咖啡了

2）他要了汉堡和可乐；他没要汉堡和可乐；他要汉堡和可乐了

3）我们去了世纪公园；我们没去世纪公园；我们去世纪公园了

4）他们一起去了豫园；他们没(一起)去豫园；他们一起去豫园了

5）李强看了医生；李强没看医生；李强看医生了

6）李强去看了医生；李强没去看医生；李强去看医生了

4.1）没感冒　　2）没吃早饭

3）没去日本人学校。　　4）上星期没出差。

5）病没好。　　6）没事儿。

5.1）星期天加班，太累了。

星期天加班，累死了。

2）每天晚上九点下班，我太累了。

每天晚上九点下班，我累死了。

3）我没吃早饭，太饿了。
我没吃早饭，饿死了。

4）现在中午十二点一刻了，我太饿了。
现在中午十二点一刻了，我饿死了。

5）今天我太忙了。
今天我忙死了。

6）李强这个月太忙了。
李强这个月忙死了。

6. 图一
现在早上九点。
木村去上班了。
（木村没有吃早饭。）

图二
现在中午十二点。
罗杰想吃小笼包。
李强想吃拉面。

图三
罗杰要一碗面条和一杯可乐。
李强要一客小笼包和两客饺子。

图四
李强生病了。

图五
现在是上午十点半（十点三十分）。
李强去看医生。

7. 1）很累/太累了/累死了　　加班
没（有）吃
很饿/太饿了/饿死了
请客
要吃

2）感冒了
（去）看医生
看了
休息
工作
没事儿

第十课

2. 1）帮我请假　2）帮我买　3）帮我叫外卖　4）帮我订
5）帮我找　6）帮我做饭

3. 1）早上7点（典子）吃早饭　上午9点30分（典子）洗衣服
中午12点15分（典子）做午饭　下午2点30（典子）去超市买东西
晚上6点45（典子）和木村一郎看电影

2）四，二十七，二　四，二十六，一
四，二十九，四　四，二十八，三
四，三十，五　五，二，天/日
五，一，六

4. 1）我不喝咖啡
你喝咖啡吗
你喝不喝咖啡

2）他不叫外卖
他叫外卖吗
他叫不叫外卖

3）典子不去买东西
典子去买东西吗
典子去不去买东西

4）我们不去世纪公园玩
我们/你们去世纪公园玩吗
我们/你们去不去世纪公园玩

5）木村一郎不加班
木村一郎加班吗
木村一郎加不加班

6）罗杰不回国
罗杰回国吗
罗杰回不回国

5. 1）我没喝咖啡
你喝咖啡了吗
你喝没喝咖啡

2）他没叫外卖
他叫外卖了吗
他叫没叫外卖

3）典子没去买东西
典子去买东西了吗
典子去没去买东西

4）我们没去世纪公园玩
你们去世纪公园玩了吗
你们去没去世纪公园玩

5）木村一郎没加班
木村一郎加班了吗
木村一郎加没加班

6）罗杰没回国
罗杰回国了吗
罗杰回没回国

6. 1）你们帮他去买一点儿东西，好吗？
你们帮他去买一点儿东西，可以吗？
你们帮他去买一点儿东西，行吗？

2）我明天上午十点来公司，好吗？
我明天上午十点来公司，可以吗？
我明天上午十点来公司，行吗？

3）晚上去麦当劳吃汉堡，好吗？
晚上去麦当劳吃汉堡，可以吗？
晚上去麦当劳吃汉堡，行吗？

4）今天吃炸酱面，明天吃兰州拉面，好吗？
今天吃炸酱面，明天吃兰州拉面，可以吗？
今天吃炸酱面，明天吃兰州拉面，行吗？

7. 1）您贵姓？
2）你们一共几位？
3）您要什么？
4）两客小笼包、一杯绿茶一共多少钱？
5）我们/你们几点在哪儿见面？

8. 想；要；想；想；可以；
可以；可以；可以；要；
可以；可以；要；要；要；
要；想；想；要；要；想；要

9. 美　上海　吃中餐　保罗加班　洗衣服、洗碗、做饭、买东西

听力答案

Key to Listening Comprehension

ヒヤリングの答え

第一课

1. 1) o　u　u　ie

2) u　e　i　en

2. 1) B　2) A　3) B　4) A　5) B

3. 1) A　2) A　3) B　4) A　5) B

4. 1) C　2) A　3) B

第二课

1. 1) B　2) A　3) A　4) B

2. 1) A　2) B　3) B　4) A

3. hǎo　rènshi　shì　mèimei　Duì

shì　Nǐ　jiào　rènshi　gāoxìng

yě

第三课

1. 1) 30　2) 24　3) 128　4) 367　5) 1234

2. 1) ˋ　2) ˉ ˉ　3) ˉ ˋ　4) ˋ ˉ　5) ˊ

3. 1) A　2) B

第四课

1. 1) A　2) C　3) C　4) B

2. 1) ˊ ˇ　2) ˋ ˊ　3) ˊ ˋ　4) ˊ ˉ　5) ˇ

3. 1) 九点半 (jiǔ diǎn bàn)　2) 一起 (yìqǐ)　3) 时间，吃饭 (shíjiān, chīfàn)

第五课

1. 1) A　2) B　3) B　4) C

2. 1) 去 (qù)　去 (qù)　2) 等 (děng)　看 (kàn)　3) 在 (zài)　在 (zài)　4) 几 (jǐ)　几 (jǐ)

3. 1) B　2) A

第六课

1. 1) A　2) B　3) B　4) A

2. 1) A　2) B　3) B

3. 1) A　2) B　3) A

第七课

1. 1）A　　2）B　　3）A　　4）B　　5）B

2. 1）A　　2）B　　3）A

3. 1）A　　2）A　　3）B

第八课

1. 1）B　　2）A　　3）A　　4）B　　5）B

2. 1）A　　2）B　　3）A

3. 1）A　　2）B　　3）A

第九课

1. 1）A　　2）B　　3）B　　4）A　　5）B

2. 1）B　　2）A　　3）B

3. 1）B　　2）B　　3）A　　4）A　　5）B

第十课

1. 1）A　　2）A　　3）B　　4）A　　5）B
   6）B

2. 1）A　　2）C　　3）B

3. 1）B　　2）A　　3）B

听力录音文本

Script of Listening Comprehension

ヒヤリングのスクリプト

第一课

1. 填上正确的韵母。

   1）博　　古　　须　　姐

   2）读　　渴　　子　　人

2. 选择正确的声调。

   1）毛　　2）书　　3）我　　4）不　　5）和

3. 选择正确的音节。

   1）鹃　　2）小　　3）看　　4）骏　　5）要

4. 选择正确的韵母。

   1）包　　2）难　　3）绿

第二课

1. 选出你听到的声母。

1）脑　　2）对　　3）你　　4）板

2. 选出你听到的音节。

1）人　　2）你　　3）叫　　4）师

3. 听对话，填音节。

A：你好！

B：你好！我认识你，你是王慧的妹妹。

A：对，我是她的妹妹。你是——

B：我叫玛丽，认识你很高兴。

A：认识你我也很高兴。

第三课

1. 听写数字。

1）三十　　2）二十四　　3）一百二十八　　4）三百六十七

5）一千二百三十四

2. 听录音，给下列音节标声调。

1）认识　　2）咖啡　　3）高兴　　4）一杯　　5）什么

3. 听对话，选择正确答案。

1）A：木村，你要喝什么？

B：我要一杯咖啡。

木村要喝什么？

2）A：啤酒多少钱？

B：25 块一杯。

一杯啤酒多少钱？

第四课

1. 选出听到的韵母或声母。

1）对　　2）汗　　3）西　　4）渴

2. 听录音，给下列音节标声调。

1）几点　　2）不忙　　3）学校　　4）时间　　5）好吗

3. 听录音，完成句子。

1）我每天九点半上班。

2）我们下午三点一起去学校，好吗？

3）我晚上有时间，一起吃饭好吗？

第五课

1. 选出你听到的音节。

1）出　2）看　3）找　4）贵

2. 填上你听到的词。

1）去出差　去玩　2）等一下儿　看一下儿

3）在公司　在门口　4）七点　星期几

3. 听对话，选择正确答案。

1）A：爸爸，你明天有空儿吗？
B：没有空儿，我去上海出差。
爸爸明天有空吗？

2）A：木村，你今天忙不忙？
B：我很忙，可是我的妈妈不忙。
木村的妈妈忙吗？

第六课

1. 选择听到的音节。

1）走　2）票　3）刻　4）用

2. 选择正确声调。

1）有　2）停　3）那

3. 听句子，选择正确答案。

1）我的公司不在那里。

2）小姐，要不要在这儿停？

3）木村，你的学校到了。

第七课

1. 选出你听到的词语。

1）高兴　2）喜欢　3）现在　4）可以　5）绿茶

2. 选出你听到的句子。

1）他很客气。　2）我想吃饺子。　3）我们吃饭吧。

3. 听对话，选择正确答案。

1）A：木村，绿茶好喝吗？
B：太好喝了！
他喜欢绿茶吗？

2）A：王慧，我们去豫园，好吗？
B：对不起，我想去世纪公园。
王慧想去豫园吗？

3）A：李强，你吃一斤小笼包，好吗？
B：我想要一客。
李强想要多少小笼包？

第八课

1. 选出你听到的词。

1）想要　2）可乐　3）可是　4）好事　5）四点

2. 听句子，选择划线部分的正确答案。

1）我们今天去吃中餐，好吗？

2）他想要一份外卖。

3）你们一共几位？

3. 听对话，选择正确答案。

1）A：先生，您想要吃汉堡还是喝可乐？
B：我想要吃汉堡，谢谢。
他想要什么？

2）A：木村，你几点来我公司？
B：我十二点左右来。
木村几点来？

3）A：李强，上海好玩吗？
B：太好玩了！我很喜欢上海！
李强喜欢上海吗？

第九课

1. 选择听到的词。

1）加班　2）休息　3）要紧　4）饿　5）医生

2. 选择你听到的句子。

1）妈妈的医生累了。

2）昨天他在这里请客。

3）我天天在家休息。

3. 听对话，选择正确答案。

1）A：罗杰，你每天加班，累不累？
B：累死了。
罗杰累吗？

2）A：木村，你昨天晚上不在家，是吗？
B：对，我昨天晚上没回家，加班。
木村昨天晚上去哪里了？

3）A：玛丽，你今天上班了吗？
B：我感冒了，没去上班。
玛丽今天上班了吗？

第十课

1. 选择听到的音节。

1）男　2）郎　3）影

4）井　5）谁　6）睡

2. 听录音，完成句子。

1）王慧家的卫生间真干净。

2）我没有别的事了，谢谢你！

3）他的妈妈太辛苦了。

3. 听对话，选择正确答案。

1）A：李强，你还没吃早饭，我帮你去买吧？

B：不用，谢谢，我每天早上 8:30 吃早饭。

现在几点？

2）A：爸爸，你今天请客还是明天请客？

B：我想请客，可是，我今天上班，明天也上班。

爸爸明天请客吗？

3）A：琳达，今天晚上我们去看电影吧。

B：可是今天是星期四，我不休息，后天好吗？

后天是星期几？

生词索引

D

大堂	dàtáng	8
到	dào	6
的	de	2
等	děng	5
地址	dìzhǐ	8
点	diǎn	4
电脑	diànnǎo	2
电影	diànyǐng	5
电影院	diànyǐngyuàn	5
订	dìng	8
订座	dìng zuò	8
对	duì	2
对不起	duìbuqǐ	1
多	duō	3
多少	duōshao	3
多少钱	duōshao qián	3

E

饿	è	9

F

发票	fāpiào	6
饭	fàn	4
饭店	fàndiàn	4
分	fēn	4
份	fèn	8

G

干净	gānjìng	10

见面	jiànmiàn	4
叫	jiào	2
叫外卖	jiào wàimài	8
斤	jīn	3
今天	jīntiān	4

K

咖啡	kāfēi	3
看	kàn	5
看医生	kàn yīshēng	9
刻	kè	4
客	kè	7
可乐	kělè	8
可是	kěshì	5
客气	kèqi	1
可以	kěyǐ	6
空儿	kòngr	5

L

老板	lǎobǎn	2
了	le	6
累	lèi	9
路	lù	6
路口	lùkǒu	6
绿	lǜ	7
绿茶	lǜchá	7

M

吗	ma	2
买	mǎi	3

请	qǐng	5
青菜	qīngcài	3
请客	qǐngkè	9
请稍等	qǐng shāo děng	7
请问	qǐngwèn	8
去	qù	4

R

人	rén	2
认识	rènshi	2

S

上班	shàngbān	9
稍	shāo	7
少	shǎo	3
什么	shénme	3
室	shì	8
是	shì	2
是的	shìde	2
时间	shíjiān	4
事情	shìqing	10
死	sǐ	9
……死了	. . . . . . sǐ le	9
酸奶	suānnǎi	10

T

太. . . . . . 了	tài……le	7
套餐	tàocān	8
停	tíng	6

行	xíng	9
姓	xìng	5
星期	xīngqī	5
星期天	xīngqītiān	5
休息	xiūxi	9
学校	xuéxiào	4

Y

要	yào	3
要紧	yàojǐn	9
也	yě	2
一点儿	yìdiǎnr	10
衣服	yīfu	10
一共	yígòng	3
已经	yǐjing	10
医生	yīshēng	9
一起	yìqǐ	4
一下儿	yíxiàr	5
一直	yìzhí	6
一直走	yìzhí zǒu	6
用	yòng	10
有	yǒu	3
右	yòu	6
月	yuè	5

Z

在	zài	4
再见	zàijiàn	1
早饭	zǎofàn	9
找	zhǎo	5

图书在版编目(CIP)数据

我的汉语教室.初级.第1册/顾月云 主编.—上海：上海译文出版社,2005.1(2007.11重印)

ISBN 978-7-5327-3577-8

Ⅰ.我... Ⅱ.顾... Ⅲ.汉语—对外汉语教学—教材 Ⅳ.H195.4

中国版本图书馆CIP数据核字(2004)第096662号

我的汉语教室

(初级)

第一册

顾月云 主编

上海世纪出版股份有限公司

译文出版社出版、发行

网址:www.yiwen.com.cn

200001 上海福建中路193号 www.ewen.cc

全国新华书店经销

上海市江杨印刷厂印刷

开本889×1194 1/16 印张11.5 字数210,000

2005年1月第1版 2007年11月第4次印刷

印数8,651—11,900册

ISBN 978-7-5327-3577-8/H·656

定价:75.00元(含CD一张)

本书如有质量问题,请与承印厂质量科联系。T:021-56834427

ISBN 7-88841-100-2

9 787888 411005 >